VISUAL READING
快速阅读

[德] 克里斯蒂安·格吕宁(Christian Grüning)◎著
郝湉◎译

中信出版集团 | 北京

图书在版编目（CIP）数据

快速阅读/（德）格吕宁著；郝湉译. —2版. —北京：中信出版社，2015.7（2025.8重印）
书名原文：Visual Reading
ISBN 978-7-5086-5215-3
I. 快… II. ①格… ②郝… III. 阅读–能力培养–通俗读物 IV. G792-49
中国版本图书馆CIP数据核字（2015）第111144号

快速阅读

著　者：[德] 克里斯蒂安 · 格吕宁
译　者：郝　湉
策划推广：中信出版社（CITIC Press Corporation）
出版发行：中信出版集团股份有限公司
（北京市朝阳区东三环北路27号嘉铭中心　邮编　100020）
（CITIC Publishing Group）
承 印 者：北京通州皇家印刷厂

开　本：787mm×1092mm　1/16　　印　张：15.75　　字　数：160千字
版　次：2015年7月第2版　　印　次：2025年8月第21次印刷
京权图字：01–2010–2499
书　号：ISBN 978-7-5086-5215-3 / G · 1205
定　价：39.00元

服务热线：010–84849555　服务传真：010–84849000
投稿邮箱：author@citicpub.com

目　录

前　言　一起登山吧！ / IX

第一部分
起程前的准备工作

第一章　**测测你现在的阅读能力 / 3**

- 趣味测试 1：有氧慢跑的益处 / 6
- 趣味测试 2：测试理解程度 / 16

第二章　**逐字阅读是低效阅读的症结所在 / 19**

- 趣味测试 3：眼球的运动 / 22
- 趣味测试 4：哪种版式的文章读起来更省力？ / 25
- ○ 知识普及 1：为什么我们常常走神儿？ / 27
- ○ 知识普及 2：左右脑的思维模式 / 30

第三章　**如何真正提高自己的阅读能力？ / 33**

- ○ 知识普及 3：潜意识操作的能力 / 35

第四章 **阅读的出发点是一笔一画 / 41**

第二部分
登山之旅

第五章 **提高阅读速度 / 49**

- ● 趣味测试5–1：转动眼球画一个圆圈 / 52
- ● 趣味测试5–2：加上食指的引导，会怎么样？ / 53
- ○ 知识普及4：生存的本能 / 54

第一节 **辅助阅读法 / 57**

- ★ 实用练习1：用笔辅助阅读 / 59
- ★ 实用练习2：用阅读辅助的方法读书 / 62
- ★ 实用练习3：把“练习书”读3遍 / 63
- ★ 实用练习4：反复练习辅助阅读 / 65
- ○ 知识普及5：心理舒适区 / 69
- ○ 知识普及6：大脑的“高速公路效应” / 72
- ★ 实用练习5：3–2–1练习 / 73
- ★ 实用练习6：拓宽视野 / 76
- ● 趣味测试6：文字的上半部分与下半部分，哪个信息量更多？ / 78
- ○ 知识普及7：突破平台期 / 80
- ★ 实用练习7：收尾练习 / 82
- ● 趣味测试7：科学饮食，维持大脑的正常运转 / 84

★ 实用练习8：2–2–2练习 / 91

★ 实用练习9：1 000个单词/分钟练习 / 93

第二节 拓宽视野练习 / 95

○ 知识普及8：男人的方向感比女人要好？ / 96

★ 实用练习10：字母树练习 / 97

★ 实用练习11：读报练习 / 100

第三节 逐步摆脱对阅读辅助工具的依赖 / 101

★ 实用练习12：符号练习 / 102

★ 实用练习13：文本练习 / 104

★ 实用练习14：1–2–3练习 / 105

★ 实用练习15：语义单元练习 / 107

第四节 试试“一目几行”阅读法 / 109

★ 实用练习16：画圈练习 / 112

○ 知识普及9：成功的两大秘诀 / 115

第五节 提高阅读能力的5类练习 / 117

第六节 练习3个星期后，再测试一下你的阅读能力 / 118

● 趣味测试8：真真假假的谣言 / 119

第七节 快速阅读与好书精读 / 127

第六章 **集中注意力 / 131**

第一节 **找到注意力的“归宿”——后脑勺上的那个点 / 134**

○ 知识普及10：压力源于心理和生理两个方面 / 136

第二节 **建立自我放松的条件反射 / 138**

★ 实用练习17：高尔夫球练习 / 139

第七章 **培养理解力 / 143**

第一节 **养成梳理文章脉络的阅读习惯 / 145**

☆ 案例示范1：如何梳理文章脉络？ / 146

第二节 **线性文字与发散性思维的转换 / 151**

第三节 **制作视觉卡片，培养新的阅读习惯 / 153**

★ 实用练习18：自己动手制作视觉卡片 / 154

○ 知识普及11：制作视觉卡片的基本原则 / 155

★ 实用练习19：逐段制作视觉卡片 / 159

★ 实用练习20：10分钟练习 / 165

★ 实用练习21：给一整篇文章制作视觉卡片 / 166

★ 实用练习22：更多的视觉卡片练习 / 170

★ 实用练习23：“3–2–1练习”升级版 / 173

★ 实用练习24：给本书制作一张视觉卡片 / 174

☆ 案例示范2：一个学科的视觉卡片 / 175

○ 知识普及12：用电脑制作视觉卡片 / 176

第八章 **增强记忆力 / 179**

第一节 **建立明确阅读目标的条件反射 / 182**

○ 知识普及13：记忆姓名的原则 / 183

○ 知识普及14：明确阅读目标的好处 / 184

第二节 **建立激活知识储备的条件反射 / 185**

○ 知识普及15：知识—学习时间曲线 / 185

○ 知识普及16：蜘蛛网与知识网络 / 187

第三节 **建立复述文章内容的条件反射 / 188**

○ 知识普及17：复述的重要性 / 188

★ 实用练习25："阅读+复述"5分钟练习 / 189

★ 实用练习26：找出自己的复述间隔 / 190

第四节 **建立回放视觉影像的条件反射 / 191**

○ 知识普及18：注意力与记忆力 / 192

☆ 案例示范3：如何让小朋友们记住十大行星的名字？ / 193

★ 实用练习27：形象思维练习 / 195

☆ 案例示范4：抽象的故事与具象的故事 / 197

第三部分

阅读整本书的步骤与技巧

第九章 **阅读前要明确阅读目标 / 203**

○ 知识普及19：能过滤信息的潜意识 / 206

第十章 **阅读整本书的步骤 / 207**

第一节 **泛读全书，把握整体脉络 / 209**

○ 知识普及20：脑干就像指南针 / 210

★ 实用练习28：高空侦察练习 / 213

第二节 **快速阅读与反复精读相结合 / 215**

○ 知识普及21：标注重点的正确方式 / 218

○ 知识普及22：处理难点的正确方法 / 219

第三节 **回顾知识点，系统理解全书 / 220**

结 语 **充分享受阅读的乐趣 / 223**

附录一："阅读整本书"视觉卡片 / 227

附录二："视觉阅读"训练进度表 / 229

附录三：影响世界的25部经典著作 / 231

前言

一起登山吧！

不瞒大家说，我也有过这样一段不堪回首的阅读经历……想当年，无论是在家还是在办公室，我都被淹没在纸张的海洋里。各式各样的书铺在桌子上、堆在柜子里、摆在枕头边，就连地板上都被报纸和杂志占得满满当当。有的书还算勉强翻过几页，有的却连拆封都还没来得及。每一张纸、每一行字都争宠似的冲我喊着：“来读我吧！快来读我吧！”爱书的心情难以抑制，阅读的兴趣又偏偏广泛得无边无际，没有办法，只得抱怨时间太少、空闲不足。更让人沮丧的是，我的阅读效果实在是太差了！每当我站在书架前尝试回忆不久前读过的内容时，都会发现过去二三十个小时的埋头苦读只换来了模糊的印象、零散的关键词和满心的挫败感……后来，我终于找到了症结所在。我认识到，只有从根本上提高自己整体的阅读能力，才能摆脱两难的处境。于是，我开始潜心研究阅读技巧，亲身尝试五花八门的练习方式。时至今日，我可以骄傲地告诉大家，在此过程中投入的每1分钟和每一分努力都让我受益终生。

在这个漫长的过程中，我的生活发生了许多惊人的变化。过去耗在读一本书上的时间，现在读完6本书还绰绰有余。不过，速度还是其次，更重要的是我读书的兴趣也日渐浓厚。只要方法得当，我们就能彻底摆脱周围环境的影响，随心所欲地进出属于自己的阅读国度。试想一下，如果你能充分利用上下班的时间，即使在嘈杂的公交车上也无须每隔几分钟就重新阅读上一段读过的内容，这难道不是很好吗？无论对于学生还是上班族来说，流畅的阅读体验都是一种享受。一旦有了这种体验，你就会从“要读书”变成“爱读书”，阅读也会成为你生活中不可或缺的自信来源。这种改变就好比婴童从蹒跚学步到酣畅淋漓地快跑。可惜我们在学校里学到的阅读方式大都是初级的，要想快速提高，还得自己另下功夫。

我的本行是律师，研究这套阅读方法的初衷，其实也只是为了准备当时的国家统一司法考试。所以，速度固然重要，但囫囵吞枣式的阅读无疑是自欺欺人。我读书的最终目的是要透彻理解文章内容，汲取信息，并将其尽可能完整地转化成自己的知识储备。事实证明，我成功地实现了这个目标。尽管准备时间有限，但我在两轮考试中都顺利地拿到了“优”。希望这个鲜活的例子能够消除大家心中的疑虑，相信我的阅读方法绝非只求速度而不求甚解。

道理很简单：如果只是一味地追求速度，那随便一个3岁小孩都能一目十行，但这只能叫“看”书，而不是“读”书。真正爱读书、懂读书的人追求的是消化与理解，然后把阅读的收获运用到日后的学习和生活当中。通过不断研究，我惊喜地发现，加快速度非但不会影响阅读效果，反而能促进对文章的理解。乍听之下，这确实有点儿不可思议。但只要我们考虑到阅读的流畅度，道理就明了了。绝大多数人在阅读的同时都喜欢在脑子里一字一句地跟着默念，我把这种做法叫作“念”书。这样一来，不仅阅读的整体速度会受默念速度的限制，阅读还会变成鹦鹉学舌，耗费了大量的时间和精力不说，脑子里却还是空空的，半点儿收获都没有。要知道，孤立的字词是无法表达完整的意思的。在默念的过程中，我们的注意力几乎完全集中在读音上面，真正能够传递信息、帮助理解的语义单元反而被抛到了九霄云外。从根本上来讲，提高阅读能力的关键就是要强化视觉渠道，彻底改掉 “听觉阅读”

的习惯，把“看”书和“念”书变成真正的“读”书。

不少人认为我的理论只是“新瓶装老酒”，我绝对举双手赞成。我坦率地告诉大家，这本书里的每一个理念都不是什么开天辟地的独创。回顾人类的文明史，其实我提倡的所有阅读方法早就有人想过，有些甚至还被付诸文字。但问题就在于，那些历史的精粹能否沿袭至今，我们又能否将其运用到具体的生活和学习当中。以亚里士多德和西塞罗为例，他们的著作其实已经涵盖了学习与阅读方法论的所有要点，西塞罗的《论演说家》一书中就有许多关于提高记忆力的精彩内容。在我看来，大部分历史著作都比现代出版物的含金量高，实用性也毫不逊色，这是我一直偏爱古希腊语和拉丁语的原因。为了更好地理解这些经典著作，我在德国维尔茨堡大学读书期间还特意选修了一个学期的拉丁语课程。毫无疑问，现代科学对人脑的研究已经为我们解开了许多人类思维过程的谜团，但实用的学习方法却仍然是千百年流传下来的那一套。当时的古罗马人确实连人类记忆究竟是源于脑袋、肚子还是心脏都没弄清楚，可谁又敢说《论演说家》在现代社会已经一文不值了呢？所以，我对“新瓶装老酒”这样的批评一向只是一笑置之。在我看来，那些声称自己发明了一套革命性的全新学习方法的人才大言不惭，让人哭笑不得呢。要知道，任何一种锻炼思维能力、提高阅读效率的方法其实都是“老酒”，有的甚至还可以追溯到人类文明史的起源。早在4万年前的史前时期，我们的祖先就已经学会利用岩画来辅助思维，帮助大脑系统地组织信息。现在，越来越多的人发现了这种方法，还给它冠上了各式各样的时髦名称，如“思维地图”“思维导图”“灵感触发图”。我的“视觉卡片”也是其中之一，但这种方法并非任何人的独创或专利，因为这就是我们大脑与生俱来的思维模式。

既然如此，本书又有何特别之处呢？很简单，既然“老酒”不变，那关键就得看 “新瓶”的质量如何了。只有好的瓶子才能真正帮助读者掌握技巧，提高能力。

所以，给自己的“新瓶”冠以特有的名称，以示区分，也是完全合情合理的。在这本书中，我们将围绕视觉这个感官渠道展开讨论，所以我选择以“视觉阅读”和“视觉卡片”来为自己的“新瓶”命名。

学习阅读技巧、提高阅读能力的过程就好比登山。尽管我们的最终目标是登顶，但在起程之前，一系列的准备工作还是必不可少的。首先，我会带领大家在地图上找到自己的起始位置；然后，仰望一下山顶，也就是那些已经能够快速读取信息、深度理解并吸收的阅读高手，以此预测攀登的难度；最后，我们还要回顾一下自己从小到人已经走过的阅读之路。

在正文部分，我会介绍一系列有针对性的练习。只要坚持每天练习，你的阅读速度、专注程度、理解力及记忆力都会得到明显的提高。请大家相信我，相信自己。事不宜迟，现在就让我们一起踏上这段精彩的旅程吧！

|第一部分|

起程前的准备工作

带着以下问题，我们一起开始登山旅程：

- 我现在的阅读能力如何？
- 如何测试自己对一篇文章的理解程度？
- 眼球在阅读时是如何运动的？
- 传统的阅读方式存在哪些问题？
- 真正的阅读高手是怎样阅读的？

第一章

测测你现在的阅读能力

如果无法确定自己的位置，再详尽的地图也只是废纸一张。如果不了解自己的现有水平，就无法开展有针对性的阅读训练。因此，准备阶段的首要任务是要帮助你完成对自我能力的定位。

接下来的小文章是一篇阅读测试。请大家放松心态来完成这个测试。不要过于紧张，还没开始就担心自己的水平太差；也不要刻意加快速度，平时怎么读现在就怎么读。否则，不仅会影响你对文章内容的理解，也无法反映你的真实水平，这样会扰乱接下来的训练进度。

在我看来，所谓的阅读能力至少包括两方面的指标：一是速度，二是理解程度。既然要测速度，我们就需要准备一个计时器。秒表当然最为理想，但任何有秒针的挂钟、手表或是电脑上的数字表其实都可以。除了这些传统的工具，网上还有很多免费的计时软件。如果你已经习惯在电脑前工作，这也不失为一种更便捷的办法。总而言之，只要能够准确测出自己阅读全文所需的秒数，具体的计时工具大家可灵活选择。至于理解程度，我们暂时会用简答题的形式来进行测试。请大家在阅读完以后，根据自己的理解和记忆写出答案的要点。

事不宜迟，现在就让我们开始第一个阅读测试吧！

趣味测试1

有氧慢跑的益处

我们的祖先第一次从树上跳下来直立于地面的时候，生存法则只有一个字：跑！人体的整个生理构造也只是为了一个单纯的目的——运动。原始人类之所以需要运动，不是为了减肥，也不是想练出6块腹肌，而是因为他们不仅要在野外围捕野牛等猎物以维持生计，还要躲避剑齿虎这类猛兽以保全自己的性命。

人类这一物种进化至今，生理构造并未发生太大的变化，运动始终是我们最重要的本能之一。据统计，一个学龄前儿童每天跑动的距离平均不下10公里。但一旦背上书包、步入校园，他就不得不老老实实地坐在书桌前，逐渐忘记了自己爱蹦爱跳的天性。长大成人后，大多数人更是在办公桌前一坐就是一整天。这样的生活方式迫使人体违背直立的自然法则，在膝盖和腰腹处弯出两个生硬的直角。当然，如果仅从进化的角度来说，人体总有一天会进行相应的变化来适应这种缺乏运动的生活。可是这一过程少说也得持续10万年，我们肯定是等不到这一天了。

谢天谢地，科学家发现了有氧慢跑这个救星。所谓有氧，就是人在慢跑的过程中吸入充足的氧气，从而不过度消耗体力，而且可以使肌肉在供氧充足的条件下燃烧脂肪。有氧慢跑的益处可谓数不胜数，但无氧跑却绝对有百害而无一利。在无氧跑的过程中，我们的身体负荷加重，肌肉供氧不足，只能消耗碳水化合物来快速获取所需的能量。在这种状态下，身体不但无法燃烧积聚的多余脂肪，肌肉内部还会生成乳酸，产生疲劳感。

一旦过多的乳酸进入血液，身体各部位的肌肉就会出现供氧不足的现象。具体来说，只有当血液中乳酸水平低于4毫摩尔/升时，肌肉才能得到充足的氧气供给，开始燃烧脂肪。一旦乳酸水平超过了这个临界值，身体就会自动切换到无氧工作状态，从燃烧脂肪转为燃烧糖类。运动医学教授理查德·霍斯特博士曾组织过这样一个测试：他在科隆的某个公园里随机征集了50名志愿者。他们都有晨练的习惯，而且确信自己一直都是在进行有氧运动。可是，白纸黑字的血液检验结果出乎每个人的意料：这50人当中，居然没有一个人的乳酸水平处于健康的有氧范围内。换言之，他们的实际运动强度都远远超出了真正意义上的“慢”，一克脂肪都燃烧不掉。那么，究竟怎样的运动强度才是有氧运动呢？要想知道自己的身体究竟处于哪种工作状态，最直观的测量指标就是脉搏，因为心脏是无法处于缺氧状态的。说白了，就是跑得越快，心脏跳得越快。相信大家都见过那种脉搏与燃脂效果的对照表，但是这种简单对应的数据过于笼统，只能反映平均水平。每个人能承受的运动强度不同，所以理想的有氧脉搏范围也因人而异。因此，要想找出最适合自己的有氧脉搏范围，还是要咨询专业的运动医师，通过一系列的测试得出科学的结论。

为了达到最理想的效果，我们应该坚持每天慢跑30分钟。根据我的经验，最合理的慢跑时间就是早上起床后的半个小时。首先，这段时间一般不会与其他工作和学习安排发生冲突。而且，经过一整夜的消化，我们的胃部已经完全没有碳水化合物等食物残渣了，负责燃烧脂肪的酶此时分泌得最为旺盛。因此，只要掌握好慢跑的强度，大脑就会得到充足的氧气供应，我们会感觉到神清气爽、思维敏捷。我们大可以充分利用这一小段时间来安排接下来的工作日程。算下来，仅仅是早起30分钟，就能让自己一整天都保持大脑清醒、身心愉快，何乐而不为呢？是不是有点儿动心了？接下来，我还想详细地介绍一下有氧慢跑的种种益处，好让大家尽快下定决心，开始这项有益的训练。

慢跑让你变得更聪明

医学专家米歇尔·史皮茨巴特博士的研究表明，慢跑能够使大脑供氧水平提高10倍。与之相比，现代最先进的治疗老年失忆症的药物只能提高5%的供氧量，用于医疗用途的有氧治疗也只能提高25%，效果微乎其微。随着脑部供氧水平的提高，人体内促肾上腺皮质激素（ACTH）的分泌会加速。这种激素有“创造力荷尔蒙”的美称，它能够刺激大脑活动，使思维变得更加敏捷，同时激发创新的灵感。此外，我们的脑细胞间隙中其实长期积聚着各种各样的坏死脂肪细胞，而内促肾上腺皮质激素就是医学界迄今为止发现的唯一能够有效溶解这些坏死细胞的物质。坏死细胞被溶解后，大脑的神经变得兴奋，思维变得更加敏捷。由于人体在这个过程中会释放更多的神经递质，加快脑细胞之间的信息传导，所以记忆力和学习能力也会同时得以提高。这就是我们在跑步的过程中常常感觉到问题迎刃而解的原因。

在有氧慢跑的过程中，我们的身体处于持续燃烧脂肪的状态，大脑就能得到更为充足的糖类供给。这样一来，不仅体内的血糖水平能够保持平稳，我们的精神状态也会变得更加积极，能够长时间集中注意力，持续调动思维也更活跃。相反，如果一个人长期从事脑力劳动又缺乏运动，他的肌肉就会不断燃烧碳水化合物来获取能量，导致血糖值下降。这样一来，大脑工作所需的糖类就会供应不足，结果就是注意力明显下降，整个人也疲惫不堪，打不起精神。

运动的时候，体内的肾上腺素分泌会不断减少，而这种激素正是造成心理压力的罪魁祸首。众所周知，长期处于高压之下的人是很难理清思绪、高效工作的。因此，随着肾上腺素水平的下降，我们的工作效率和处理问题的能力就会不知不觉地提高。从生理角度来讲，肾上腺素也不是什么好东西。过多的肾上腺素会对血管内壁造成伤害，使之多孔化，更容易出现血脂沉积的现象，导致动脉硬化、中风和心肌梗塞。

神经心理学教授汉纳·厄特尔博士的一项研究成果或许能够更好地证明慢跑对提高智商的促进作用。通过对比分析3万名研究对象的数据，他发现将有氧运动与学习训练相结合，可使智商值在36周内平均提高27%。

慢跑让你感觉更幸福

从医学角度来讲，心理上的幸福感其实是由体内的激素水平决定的。内啡肽就是其中最重要的一种。这种激素堪称人体的“天然鸦片”，它能够加快神经冲动的传导，从而产生兴奋感，使人身心愉悦，进入一种类似吸毒过后的飘飘然的精神状态。另外一种能够给人带来幸福感的神经递质就是血清素，即五羟色胺。几乎所有抗抑郁剂的药理都是通过提高血清素水平来起到稳定情绪、缓解焦虑的作用的。在有氧慢跑的过程中，人体会自然而然地分泌出大量的这类神经递质，让我们在毫无副作用的情况下享受幸福的感觉。

德国维尔茨堡大学的行为心理学教授乌尔里希·巴特曼博士发现，凡是定期进行适量、适度慢跑运动的人，情绪都更为稳定，与人交际的能力也会更强，且不容易产生自闭倾向。

慢跑让你身体更健康

正确的跑步训练能够增强人体的免疫系统。仅仅是慢跑30分钟，血液里杀伤细胞的含量就会增加31%。这种细胞一般又被称为“K细胞”，负责抵抗病毒、细菌及癌细胞。但是，一旦运动强度过大，人体就会进入无氧状态，生成更多的自由基。自由基会对血管壁和整个免疫系统造成伤害，是人体老化的罪魁祸首。所以，有氧慢跑重在一个“慢”字。

除了强化免疫系统，长期慢跑对我们的身体健康还有许多其他益处：它能够让我们的心脏体积增大、厚度增加，从而变得更加强壮。每次心脏搏动泵出的血液多了，脉搏自然就会减慢。此外，运动还能持续刺激和锻炼身体各部位的软骨和骨骼，让我们的关节与骨骼变得更加强健。

我在文章开头已经提到，慢跑能够促进燃烧脂肪的酶的生成，从而降低人体的胆固醇水平，燃烧并且消耗长期积聚在人体组织和细胞表面的各种油脂。此外，由于肌肉内的毛细血管数量会随着锻炼不断增多，血液的养料运输效率就会不断提高，血管也会变得更加年轻、健康。慢跑还能降低胰岛素水平，对预防糖尿病和降低老年糖尿病的发病风险都有不错的效果。因为，胰岛素的作用就在于降低血糖，而人体一旦习惯了低浓度的胰岛素，各器官的细胞就会对胰岛素的释放更加敏感。

与现在市场上五花八门的减肥偏方相比，有氧慢跑是唯一一种长期有效且不会反弹的减肥方法。经过长期的锻炼，不仅肌肉比例有所上升，体内负责燃烧脂肪的酶也将稳定保持在一个较高的水平上。只有这样“双管齐下”，才能真正减掉身上的赘肉。更加不可思议的是，长期运动能使身体的新陈代谢率至少提高25%。这样一来，无论你是坐在办公桌前，还是赖在沙发或吊床上，甚至连睡觉的时候，你的身体也会自动燃烧多余的脂肪。

带着微笑慢跑

我还要不厌其烦地强调最后一遍，一旦跑步的速度太快、强度太大，人体就会进入无氧状态。在这种状态下，我们非但享受不到以上列举的种种益处，反而会抑制人体自然的免疫机制发挥作用，会觉得越来越疲劳、越来越不健康。所以，如果你下次跑步时再碰到那种满头大汗、见人就超的傻瓜，你只需要保持微笑即可，因为只有你才知道有氧慢跑的秘密。

我的阅读时间：

________分钟________秒 = ________秒

请大家根据自己的记忆简要回答下面的问题。注意在答题的过程中绝对不可以偷看原文！

1. 文章的开头提到了人类的祖先。请问他们运动的两大目的是什么？

2. 为了适应现代的生活方式，未来人类的身体构造必将有所进化。这一进化过程大约需要多长时间？

3. 有氧慢跑与无氧跑有什么差别？

4. 神经心理学教授汉纳 · 厄特尔博士的研究成果是什么？

5. 为什么清晨是进行慢跑的最佳时间？

6. 作者分别用哪三个小标题来总结慢跑的益处？

7. 药物、有氧治疗和有氧慢跑各能使脑部供氧提高百分之几？

8. 肾上腺素这种荷尔蒙对人体有哪些益处？

9. 理查德 · 霍斯特教授做了什么实验？得出了怎样的结论？

10. 慢跑对身体健康有何益处？

打分的时间到了！请大家参考以下答案，计算出自己的最终得分。答对全部要点得10%；如要点有所遗漏，则按5%计算；完全没有答对显然就是0分。10道题的得分加起来就是你的总分，这个百分数代表了你对整篇文章的理解程度。假如你完全答对了4道题，部分答对了3道题，那总分就是55%。计算完毕，请将测试结果填在答案后面的方框内。

参考答案：

1. 文章的开头提到了人类的祖先。请问他们运动的两大目的是什么？

• 围捕猎物（如野牛）；

• 躲避猛兽（如剑齿虎）。

2. 为了适应现代的生活方式，未来人类的身体构造必将有所进化。这一进化过程大约需要多长时间？

• 10万年。

3. 有氧慢跑与无氧跑有什么差别？

• 有氧慢跑时，人体供氧充足，体力消耗适宜，肌肉能够燃烧脂肪；

• 无氧跑时，肌肉供氧不足，因此非但不会燃烧脂肪，反而会生成乳酸。

4. 神经心理学教授汉纳 · 厄特尔博士的研究成果是什么？

• 有氧运动与学习训练结合，有助于提高智商（36周内平均提高27%）。

5. 为什么清晨是进行慢跑锻炼的最佳时间？

• 这段时间一般不会与工作和学习安排有冲突；

• 人体负责燃烧脂肪的酶分泌最为旺盛；

• 可以利用这段时间来安排一整天的工作；

• 一整天都可以保持大脑清醒、身心愉快。

6. 作者分别用哪三个小标题来总结慢跑的益处？

• 慢跑让你变得更聪明；

• 慢跑让你感觉更幸福；

• 慢跑让你身体更健康。

7. 药物、有氧治疗和有氧慢跑各能使脑部供氧提高百分之几？

• 药物：5%；

• 有氧治疗：25%；

• 有氧慢跑：1 000%。

8. 肾上腺素这种荷尔蒙对人体有哪些益处？

• 刺激大脑活动，使思维变得更加敏捷；

• 激发创新的灵感；

• 溶解积聚在脑细胞之间的坏死脂肪细胞。

9. 理查德 · 霍斯特教授做了什么实验？得出了怎样的结论？

• 他在科隆某公园里找到了50个正在慢跑的志愿者，测量他们血液中的乳酸水平。结果发现，没有一个人的乳酸水平处于健康水平，身体无法燃烧脂肪。

10. 慢跑对身体健康有何益处？

• 增强免疫系统功能；

• 强化心肌；

• 强健骨骼与关节；

• 降低胆固醇水平；

• 降低胰岛素水平；

• 燃烧更多脂肪。

我的理解程度：________%

这篇小文章是否已经让你有点儿动心，想要开始慢跑锻炼呢？在找到合适的运动医师之前，你可以暂且参考一下下面这张脉搏对照表。理想的有氧运动中，脉搏的跳动次数与个人的年龄和静脉有关，而且一般建议以早上刚起床时的测量值为准。不过，我最后还要再提醒大家一遍，以下的数据仅供参考。

表 1–1　有氧运动中脉搏的跳动次数与年龄及静脉跳动次数的关系

静脉跳动次数（每分钟）＼年龄	20~39 岁	40~49 岁	50~59 岁	60~69 岁	70 岁以上
50 次以下	140	135	130	125	120
50~59	140	135	130	125	120
60~69	145	140	135	130	125
70~79	145	140	135	130	125
80~89	145	140	135	130	125
90~100	150	145	140	135	130

让我们重新回到阅读这个话题上来。在整本书的训练过程中，我们将统一使用“字/分钟”或“单词/分钟”，也就是你在1分钟的时间里能够阅读的平均字数或单词数，作为衡量阅读速度的单位。在这里，我要特别提醒大家，这个数值的意义仅仅在于方便大家控制自己的训练进度。根据速度和理解程度这两项指标，我们可以划分出4种不同水平的读者：有的人可以既读得快又理解得好，有的人虽然一目十行但不求甚解，有的人读得慢却理解深刻，还有一种可怜人是既读不快也无法理解文章的深层含义。所以，单凭阅读速度这一项指标是不能说明全部问题的，大家完全没有必要横向攀比谁的数值更高。尽管这本书里提到的平均速度都是以德语、英语等拉丁文为标准的，但也丝毫不妨碍大家用中文的字数来判断自己的速度。总而言之，本书的最终目的就是把你训练成罕见的第一类读者，让你在节省时间的同时达到最佳的理解和记忆效果。

在后面的章节里，我们会发现，提高阅读速度非但不会影响理解文章含义，反而能够对此起到一定程度的促进作用。所以，如果你属于最不幸的第四类读者，那么现阶段的首要任务就是尽快提高自己的阅读速度。你要学会把自己的注意力从孤立的字词中脱离出来，按照语义单元来阅读文章。这样一来，不仅阅读速度可以得到较快提高，你还会发现自己懂得的更多了、记住的更多了。再次提醒大家，提高阅读速度仅仅是实现最终阅读目标的手段之一，而非首要目的。如果忘记了这一点，就算速度加快了两三倍也是毫无意义的。

下面你可以用前面阅读过的那篇文章的总字数乘以60，再除以你之前测出的总秒数，计算出自己的起点速度。

我的起点速度：

_______ 字 × 60 ÷ _______ 秒 = _________ 字/分钟

为了让大家更加直观地跟踪自己的训练进度，我特意准备了一张空白的图表。请大家选择两种不同颜色的笔或者用不同的符号分别代表自己的理解程度和阅读速度。在下面的示例图中，我用了 × 来表示速度，○来表示理解程度的百分值。如果你计算出的阅读速度为200字/分钟，理解程度为60%，那么你的起点就是这样的：

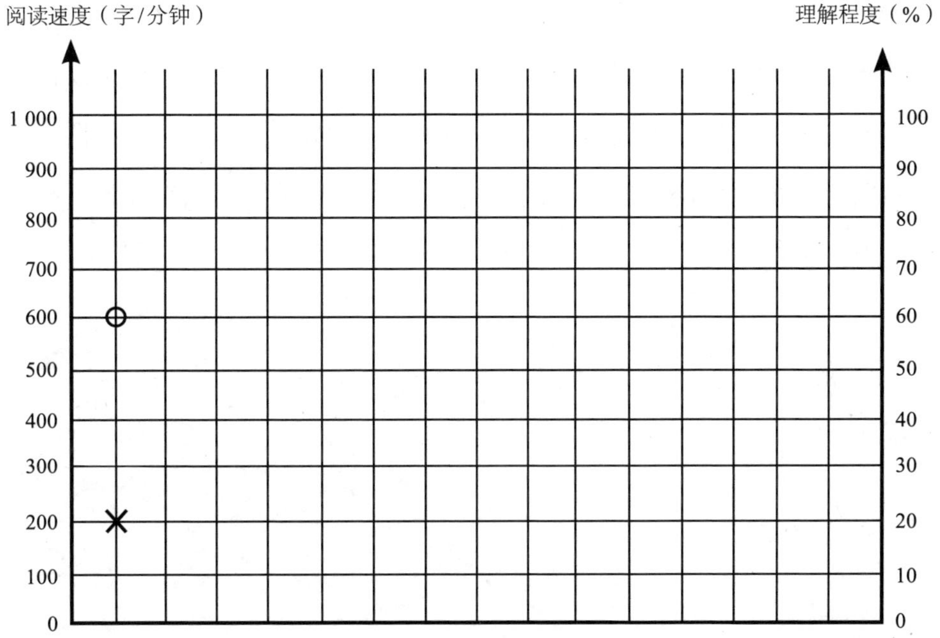

图 1–1　阅读能力训练表

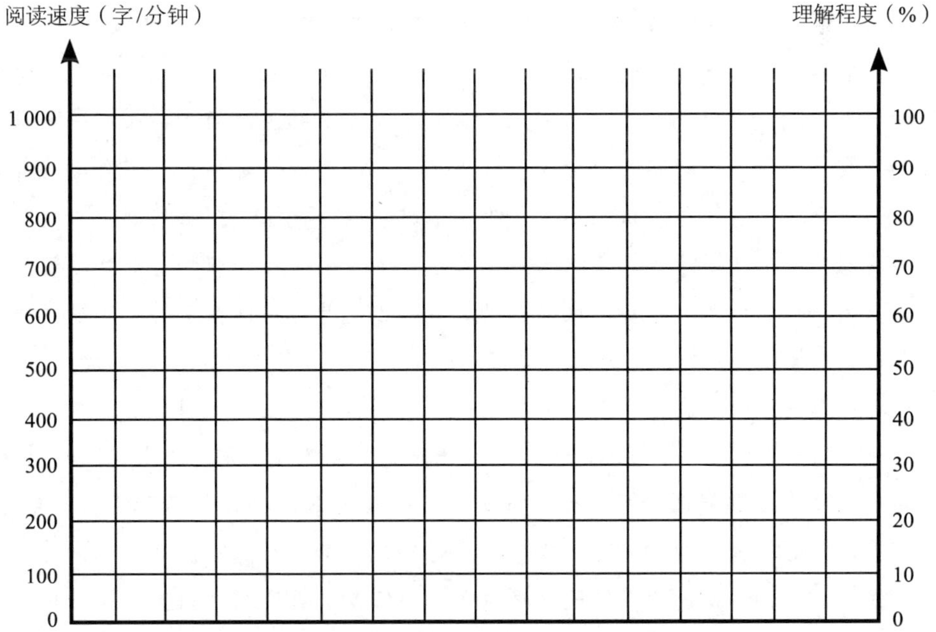

图 1–2　阅读速度和理解程度进步情况表

现在，请你把自己刚才测得的理解程度和阅读速度誊抄到图1–2的表里。从今天开始，你就要坚持记录这两个数值。随着训练次数的增加，你可以把每次的点都连在一起，得到两条曲线。其中一条代表你的阅读速度的变化情况，另外一条则代表你的理解程度的变化情况。这样一来，你就可以很清楚地知道自己的进步过程了。

趣味测试2

测试理解程度

利用事先准备好的问题来测定一个人对文章的理解程度，其实是欠妥的。首先，出题者一般都只会考虑到题量的限制，无法考察对全文的理解程度。此外，出题者只能按照自己对文章的理解归纳出考点，这就牵涉太多的主观因素。还有一个最明显的问题就是，我们已经不是小学生了，平时阅读的文章或者书籍都不会附上类似的习题。一旦我们对这种测试的方法产生了依赖，以后就根本无法控制自己的理解进度。所以，我们在刚开始的时候就必须做好心理准备，上面那10道题和你的最终得分只是阅读能力训练的起步阶段的辅助工具而已，其作用仅在于给大家提供一种更为简便且直观的评判标准，好让大家借助这个量化的指标来掌控自己的进度。

随着训练的深入，我会带着大家尝试一种新的自测方法。我们会通过复述来反观自己对一篇文章的理解程度。从严格意义上来说，复述并不是什么太新鲜的招数。相信不少人都有过这样的经历：辛辛苦苦读完一篇文章，以为自己已经理解透彻，可一旦有人问起，自己却充其量只能想起作者的几句话，而说不出整体的脉络。如果遇到这种情况，那就说明我们还没把原文的内容变成自己的。相反，如果我们可以用自己的语言顺利地复述出原文的大致内容，还能回答别人随机提出的具体问题，那整个阅读、理解和吸收的过程就算是圆满完成了。从这一点我们可以看出，理解和记忆是密不可分的。

既然如此，我们就可以根据回忆的内容大致判断出自己理解能力的高低。如果完全无法复述原文，理解程度自然就是0；如果仅能复述出最重要的内容和整体脉络，却无法讲出次要点，那你理解了50%左右。以此类推，在复述整体要点时有所遗漏，理解程度就介于0~50%之间；在所有要点的基础上还能回忆起部分次要点，理解程度就是50%~100%。最后，100%就意味着你不仅可以复述所有的要点和次要点，还能用自己的语言来描述部分细节。当然，所谓100%并不是要求大家连标点符号都烂熟于心，更不是通篇背诵下来。况且，只要不是朗诵诗词，我们完全没有必要达到这种记忆程度。

虽然复述并不是唯一一种有效的自测方法，但它对阅读能力的要求绝对是最高的。不用多说大家都知道，在短时间内阅读、理解并且记忆整篇文章的细枝末节绝非易事。但是，大家也无须沮丧，或对自己失去信心。除了写书，我还开办一系列针对提高阅读能力和学习能力的培训班，前前后后接触过上万名学员。根据我的观察，在最初的训练阶段，恰恰是那些起点较低的学员难以接受复述自测的方法。正是出于这个考虑，我才在头几次的阅读测试后面准备了具体的问题。我希望大家可以放松心情，不要给自己任何压力。我会带着大家循序渐进地适应这个过程。常言道，熟能生巧。随着练习次数的增多，相信你也能够摆脱对课后习题的依赖，学会利用复述的自测方法来判断自己的阅读理解水平。

第二章

逐字阅读是低效阅读的症结所在

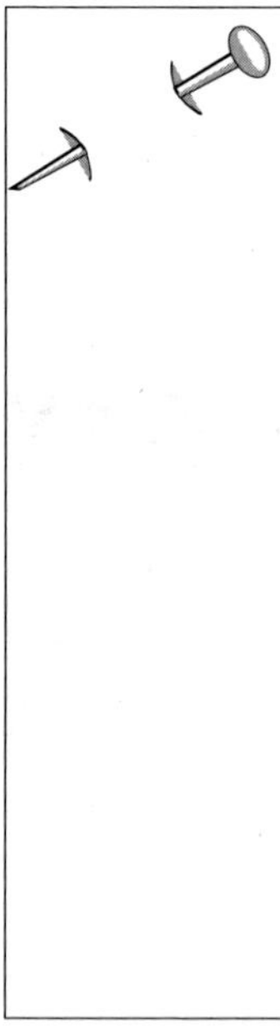

现在，大家都已经成功地测出了自己的起点速度，这相当于一个登山的人在地图上找准了自己的起始位置。而且，抬头望一下，我们就会看见山顶正清晰地矗立在眼前。我们的目标是学习新的阅读技巧，培养阅读能力，让自己成为阅读高手俱乐部中为数不多的会员之一。一旦顺利登顶，我们就能轻轻松松地理解任何一类文章和书籍，从此成为一个读得快、懂得多、记得准的聪明读书人。

如果说登山是腿部运动，那么阅读自然就是眼部运动了。培养阅读能力的第一步就是学会活动双眼。这乍听上去简直就是废话，3岁小孩都会用眼睛看书。可是，又有多少人曾经仔细观察过自己的眼部运动呢？你是否了解眼球究竟是如何工作才能把文字信息存入大脑的呢？没错，我们的眼球几乎每时每刻都处于运动状态，我们在阅读的过程中也完全不需要有意控制眼球就能毫不费力地读取信息，但要想找出高效阅读的奥秘，我们就得先做个小实验。

趣味测试3

眼球的运动

首先，我想请大家想象一下自己的眼球在阅读时是如何运动的。沿着一行行文字从左到右、从上到下匀速运动？还是毫无规律地在字里行间跳动？想好了之后，你需要请一位朋友来帮助你证实自己的猜想。请你和你的“实验助手”面对面坐下，两人之间的距离不能太远，否则对方会看不清你的眼球运动。两个人都准备好之后，你就可以开始阅读了。不过，漫画这种全是图片的书可不行。你想提高阅读能力，并不是为了看时装杂志吧？所以，还是找一本“正常的”书来进行这个实验。你只需要用自己平常的习惯连续阅读1分钟，让你的朋友仔细观察你的眼球。1分钟后，互换角色，换你来观察对方的眼球是如何运动的。

在做这个实验之前，大多数实验者都以为自己的视线会随着阅读的进度一直匀速向前移动。如果把这个路径画出来，就类似一条平滑的直线。但这只是我们大脑产生的错觉而已，通过观察，你会发现人的眼球在阅读的过程中其实一直处于跳动状态。这种现象的原理是：要想看清一个物体，首先我们的眼球必须停止跳动，把视线停留在某一点上，才能像照相机一样调整焦距，生成清晰的图像。举个简单的例子，我们坐在高速行进的火车上时，很难看清路边广告牌上的文字，这是因为我们的眼球与广告牌处于相对运动的状态，无法定焦。

如果观察得再细致一些，我们就会发现，一个人的眼球在阅读时的跳动次数是有一定规律的。一般来说，在阅读德语或英语这类拉丁语图书时，眼球跳动的次数会与每行的单词总数大致相符。如果把眼球在行与行之间的跳动次数也计算进去，两个数值甚至会完全吻合。在刚才那个实验里，如果同伴发现你的眼球跳动次数少于一行的单词总数，那就恭喜你，你的阅读能力已经属于中上水平了！从下面这张简化图中，我们可以看出大多数人眼球跳动的模式：视线的焦点首先落在第一个词上，眼球停止运动、对焦、读取信息，然后再跳到下一个词，重新对焦、读取信息，以此类推。

图2–1　眼球读取信息流程图

我把这种读取信息的方式称为“逐字阅读”。不管是有意的还是无意的，绝大多数人都是用这种方式阅读的，而这就是低效率阅读的症结所在。这就好比登山，外行人都误以为一步一步小心翼翼地往上爬才够安全，只有真正的登山运动员才知道节奏的重要性。很多人越是碰到难读的文章就越是一字一句地慢慢啃，却不知道自己已经犯了阅读的大忌。首先，逐字阅读会影响整体速度。科学研究表明，眼球对焦一次的时间大概是1/4秒，从一个焦点跳到另一个焦点却只需千分之几秒，完全可以忽略不计。所以，阅读每个单词所需的时间就约等于1/4秒。换算一下，就相当于每秒阅读4个单词，阅读速度约为240个单词/分钟。据统计，德国人的平均阅读速度为215个单词/分钟，略低于我们计算得出的理论值。

除了拖慢速度，逐字阅读的方式还会引发其他一系列的麻烦，我们将在后面的章节中逐一探讨。在准备阶段，你只需知道阅读速度受限是众多问题中最明显的一个，阻碍理解和掌握才是最严重的问题。比如，你的眼球首先看到了

“一个”这个词，一个孤立的词显然无法传递出任何整体的信息。1/4秒以后，你的视线跳到了下一个字“小”上。这时，大脑会自动把这两条信息叠加在一起。但显而易见，我们还是没能得出结果。大家千万不要小看这个简单的叠加步骤，大脑完成这个运算需要发生上百万个不同的化学反应，只可惜如此复杂的运算工作还没换来任何有用的信息。接下来再看一个字——“青”。现在，我们的大脑一共读入了3条信息——“一个小青”，完成了两次叠加运算，但仍然没能理解其中的含义。

人的左脑主要负责线性思维和数字化的分析工作，右脑则需要完整的图像信息才能形成理解。在上面这个例子里，我们的右脑一直处于闲置状态，不仅浪费了半个大脑的资源，还会阻碍左右脑的协同效应，加大理解的难度。图像是大脑的自然语言，文字却只是人造的符号系统。右脑缺少了图像信息的支持，就相当于整个大脑正在阅读外语，自然会感觉比较吃力。试想一下，如果只能用语言向一个非洲土著解释“下雪”这个词的意思，你会怎么做？即使你精通他的母语，在语言沟通上也没有障碍，还是会面临这样一个棘手的问题：赤道地区是从来不会出现下雪这种自然现象的，可想而知，当地的土著语言也自然不需要任何相关的词汇。巧妇难为无米之炊，没有了基本的词汇，我们又怎能解释一个陌生的概念呢？这时候，如果你手边有一张雪景的照片，就好办多了。即使一辈子都没见过雪的人，也能够通过照片里的图像在脑海里形成对“下雪”的初步印象。要是身边恰好有一台结了霜的冰箱，那就更容易了。大脑能够调动视觉以外的其他4种感官机能，即听觉、触觉、味觉和嗅觉，来成倍地增加信息摄入，从而加深理解和记忆。

不要忘记，在逐字阅读的过程中，我们的大脑不仅要不断叠加读入的信息，完成运算工作，还需要随时记忆。上面的例子字数少，当然没有问题。可一旦句子很长，我们就很可能像狗熊掰棒子一样，读完了最后一个词，却已经把句子的开头忘得一干二净。最后，让我们再回到刚才的例子上，看看最后出现的一个词——“苹果”。大脑在经过了上千万次化学反应之后，终于得到了一个有意义的词组——“一个小青苹果”。随着“苹果”这个中心词的出现，我们的右脑终于生成了相应的图像。要知道，大脑生成图像的过程只需要不到半秒钟，可事前的准备工作却如此繁琐。为了进一步说明这个问题，请大家跟我一起来做下面这个测试。

趣味测试4

哪种版式的文章读起来更省力?

这是林肯的一句名言：

If I had five
hours to chop
down a
tree, I'd
spend 3
hours sharpening
my axe.

如果 给我 5个
小时的 时间 砍倒
一棵 树，
我 会 先花
3个 小时
磨快 我的
斧头。

怎么样？阅读起来是否有点儿吃力？下面让我们换一个版式试试看：

If I had five hours	如果给我5个小时的时间
to chop down a tree,	砍倒一棵树，
I'd spend 3 hours	我会先花3个小时
sharpening my axe.	磨快我的斧头。

感觉如何？是否有所启发？任何一种语言都是由大大小小的单元组成的，小到字母、音节和字词，大到句子、段落和文章。阅读高手之所以能够达到常人难以想象的阅读速度，就是因为他们找到了最合适的语言单位来读入信息，那就是语义单元。所谓语义单元，指的是由几个字词共同构成的、能表达某个整体意思的词组或短语。阅读高手能够在阅读的过程中快速识别出几个相互关联的字词，找出语义单元，并且下意识地将其看作阅读的最小单位。他们的眼球每次都会停留在整个语义单元上，并且只需定焦一次就能捕捉到属于同一个语义单元的所有字词，将其作为一条整体信息输入大脑。这样一来，眼球跳跃的次数减少了，对焦所需的时间也缩短了，右脑只需接收一次信息即可生成“一个小青苹果”的形象，左脑自然不必辛辛苦苦地事先叠加、运算和记忆了。

人类的语言是由一个个独立的字词组成的，但人脑的构造却更适合形象思维。地球存在的历史超过了40亿年，现代人类出现于400万年前，而语言的历史就更短了。直到公元前3000年左右，苏美尔人才创造了最早的人类文字。从那时起，大脑和嘴巴就一直都在使用两种截然不同的语言。换言之，大脑必须在阅读的过程中把我们日常使用的人造文字“翻译”成它能够处理的自然语言。正是出于这个原因，逐字阅读才会在很大程度上阻碍大脑的“翻译”工作，影响我们对书面文字信息的理解。

除了拖慢速度、影响理解，逐字阅读还会分散我们的注意力。如果你还以为放慢速度能够帮助自己集中注意力，那就请回想一下自己是否有和我类似的经历。我还在法律系就读的时候，就经常痛下决心好好读书。大好的周末，我推掉所有的约会，老老实实地待在图书馆里。我拿起一本书，开始逐字逐句、认认真真地研究每一个法律术语，心里还一直在跟着默念。我当时觉得自己简直就是全世界最勤奋的学生！但每隔一段时间，我都会突然发现自己的思绪早就飞到了九霄云外。明明觉得自己在聚精会神地读书，可再瞄一眼前两行的内容，好像从未读过一样。没办法，只能从第一行开始，再读一遍……我相信，这个情景对于大多数人来说都不陌生。这其实不算太糟糕，至少我们到了一定的时候还能清醒地意识到自己走神儿了。实际上，我们在潜意识中开过的小差根本数不清，而我们只会伸个懒腰、晃晃脑袋、揉揉眼睛，然后继续读下去，对几分钟前做过的白日梦全然不觉。运气好的话，我们能在无意中略过无关紧要的部分，可万一那本书是用来准备考试的，而我们做白日梦的那段时间又恰恰错过了考试的重点，麻烦可就大了。

知识普及1

为什么我们常常走神儿？

科学研究指出，人类的思维速度至少能达到600字/分钟，但一般人的语速却只有150字/分钟左右。正是出于这个原因，我们在听讲座或是听报告时才会经常走神儿。万一碰上个枯燥的主题或是无趣的教授，而我们又不懂得积极调动多余的精力去思考听到的内容，把理论与实际经历、知识储备联系起来，白日梦就更容易乘虚而入。从神经学的角度来讲，人脑每秒钟有意识处理的信息量约为126个神经比特，潜意识的工作速度甚至高达10亿个神经比特/秒。如果以200字/分钟的平均阅读速度来计算，就相当于每秒钟处理40个神经比特的信息，这就意味着大脑每秒钟都有高达80个神经比特的空间未被利用。或许你会认为这是件好事。大脑有了空闲不是正好可以休息一下吗？其实不然。人脑是一台异常勤奋的计算机，一旦出现资源过剩的情况，它就会在后台自动调用空闲的资源来处理其他信息，也就是我们先前提到的白日梦。换言之，如果你的阅读速度比不上大脑处理信息的速度，过剩的资源非但不能节约下来以备日后之需，反而会被用到其他无关紧要的事情上，阻碍注意力的集中。在绝大多数情况下，我们会自言自语："天啊！这种天书谁看得懂啊！""别人肯定都比我读得快！""为什么人家周末放假出去玩儿，我就得闷在图书馆里看书？"不用多说，大家也知道这种消极的自我暗示对阅读理解和记忆有害无益。

就拿当初的司法考试来说吧，每个人在考前都有几个月的准备时间。有的同学干脆把家都搬到了图书馆里，没日没夜地闷在那里复习，但也有些同学居然赖在家里边看电视边读书。3岁小孩都知道，电视会分散我们的注意力。但从上面的理论看来，这也不失为一种折中的办法。既然大脑无论如何都有70%的空闲资源，倒不如用五花八门的电视节目来填补空缺。至少这样我们还能有点儿心理安慰，不会觉得自己除了复习考试就毫无生活乐趣可言了，而且总比没完没了地进行消极的自我暗示要好得多。

我对脑神经领域的研究一直都很感兴趣。但在我看来，那些科学研究的数据结论对实际的学习、阅读及工作技巧并没有太显著的指导意义。我在前面就已经说过，人类现有的阅读技巧都是几千年前传承下来的"老酒"。对于阅读这种实用的技巧而言，精确的数值和科学原理都只能起到辅助解释的作用，帮助我们理解并接受某一套系统的训练方法而已。我们真正关心的是某种技巧是否有效，能否帮助自己提高阅读效率、优化工作流程。尽管我的这套阅读方法还没有得到严谨的科学证明，我也不知道自己在阅读过程中究竟调用了多少个比特的大脑资源，但我亲身体验到了前所未有的改变。通过长期的训练，我发现自己变得更加专注了。一旦阅读的速度和流畅度都上了一个台阶，自然也就没有多余的精力去胡思乱想、自言自语了。说得俗套一些，就是全身心地投入到了阅读当中，进入了忘我的境界。从这个意义上来讲，阅读就好比骑自行车，必须先用力蹬到一定的速度才能骑得稳、骑得顺畅。

相比之下，小时候在学校里学到的那一套，与其说是阅读方法，还不如说是最有效的催眠术。逐字阅读光是听着就觉得累，睡前总爱随手翻翻闲书的人肯定有所体会。工作了一天，我们的身体已经十分疲惫，一旦大脑没有得到足够的信息供给量，就会自动进入休眠状态。如果在白天，我们就会开一下小差、做一做白日梦。因为，不仅是左脑，我们的右脑也需要得到持续的信息供给，而进行逐字阅读却无法做到这一点。既然无法从外界得到所需的信息量，我们的右脑就会想办法自己找事做。例如，一个被锁在小黑屋里的人，过不了多久就会产生各种各样的幻觉，而且他自己完全无法控制这种思维紊乱的发生。

知识普及2

左右脑的思维模式

人脑的构造就像半颗核桃。左脑和右脑通过中间的神经束（也就是所谓的脑胼胝体）相连，组成完整的大脑。20世纪60年代，美国神经生理学家罗杰·斯佩里教授在研究被截断脑胼胝体的癫痫病人时，发现了人的左右脑的职能划分。

根据斯佩里博士的理论，人的左脑主要负责分析性工作。左脑在处理信息时采取线性方式，即按照信息出现的先后顺序一个接一个地进行计算处理，类似我们今天常说的数字化。因此，信息出现的先后顺序和具体时间就显得格外重要。除此以外，人类独有的语言功能也位于左脑。学习能力是我们在读书与职业培训时最需要的思维能力，也主要依赖左脑的正常运作。因为左脑相对于右脑来说比较关注细节，所以我们可以形象地说，左脑只能看到一棵棵树，却无法看见整片森林。

与之相反，右脑与时间顺序、线性或语言信息的处理都没有关系。在右脑中，最重要的是空间思维。一个人的想象力、创造力和形象思维能力都取决于其右脑的发达程度。如果说左脑主要处理数字信号，那么右脑负责的就是模拟信号。一件事物的全貌才是右脑关注的焦点，而不是任何具体的细节。换言之，右脑看到的是整片森林，而不是一棵棵树。

为了表彰斯佩里博士在人脑功能研究领域的贡献，诺贝尔奖委员会在1981年授予他诺贝尔生理学奖。但是，随着近几十年来科学的迅猛发展，这种对左右半脑各司其职的简单解释已经不再适用了。最新的研究成果表明，人脑拥有许多个不同的功能中心，我们的思维除了有上述两种极端方式之外，其实还有大量的中间过渡方式。此外，左右脑的功能也没有严格的划分。在某些特定的情况下，左脑完全可以代理右脑的工作，反之亦然。临床医学领域中就有不少这样的案例。得益于人脑自动重新分配功能区域的能力，有些病人接受了大脑部分切除手术后，仍然能够保留绝大部分原有的大脑机能。

虽然斯佩里博士的理论在医学领域已经过时，但不可否认的是，人类确实拥有上述两种极端的思维模式。因此，对于我们这样的门外汉来说，上述理论不失为一种通俗易懂的解释。在其他与人脑分区相关的领域，直到今天仍然有人以此理论为基础，简化某些复杂的脑部活动现象的分析工作。在此，我想特别说明一下：本书提到的“左脑思维”指的是富有分析性的、依序处理信息的思维模式，而“右脑思维”指的是富有想象力和创造性的空间与形象思维模式。为了获得最佳的阅读效果，我们必须同时锻炼自己的左右脑，学会将两种思维模式有机结合，缺一不可。只有这样，我们才能充分发挥自己接受信息的潜力，获得最高的阅读效率和最佳的阅读效果。

现在，请你暂时将视线从手中的书上移开，抬起头来观察一下自己身边的环境。然后，再把视线收回来，重新看着这本书。我们根本无法想象，自己的大脑在过去几秒钟的时间里到底接收了几个数位级的信息。眼睛是人体最高效的感官，大脑日常获取的信息绝大多数来源于眼睛。就拿颜色来说，一个辨色能力正常的人可以分辨出超过100万种不同的颜色。

刚把视线收回来，就要马上继续阅读以上几行文字，你是否感觉稍有困难？要知道，在刚才短短的几秒钟内，虽然我们只是无所事事地四处张望了一下，但我们的大脑却一直在处理图像信息，处于高度兴奋状态。所以，突然一下重新切换到文字模式是需要一定的适应时间的。世界上没有任何一台电脑能够与人脑相媲美，人类之所以能够发展至今，也得益于人脑高超的思维能力。可是，大多数人居然还是一个字一个字地向大脑输入信息，这简直就是最严重的资源浪费！你会发现，大多数图书馆的阅览室都像催眠室，里面的人宁可望着窗外发呆也不想继续读书。本书最重要的任务，就是要教会大家训练自己强大的视觉感官，“喂饱”自己的大脑，从而达到事半功倍的阅读效果。

第三章

如何真正提高自己的阅读能力？

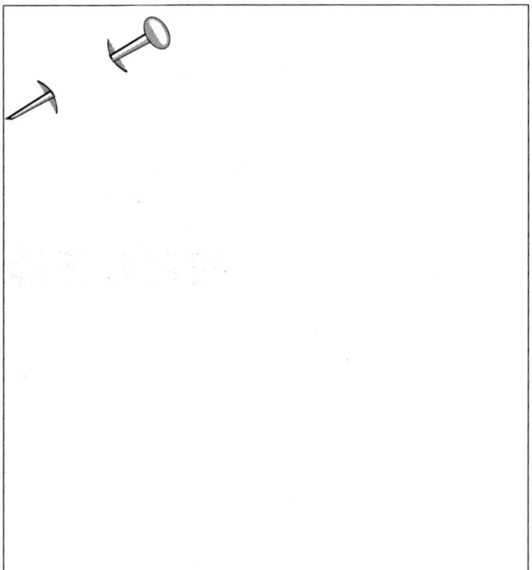

任何一个领域中都有佼佼者，阅读也不例外。要想成功提升自己的阅读能力，就得给自己找个榜样，细致地观察他的阅读方法，分析其中的诀窍与奥妙。只可惜，阅读高手往往都做不了好老师。对于他们来说，一切都早已潜移默化，因此无法逐一解释清楚具体的做法与步骤。这就是掌握一门知识或一种技巧的最高境界。

知识普及 3

潜意识操作的能力

每个人从头开始学习一项技能，都必须经历图3–1中的4个阶段。

以开车为例。刚出生的婴儿显然还不具备开车的能力，可正是因为他们还没到思考这件事情的年龄，不会开车既不会给他们的生活造成不便，也不会使他们产生任何心理上的不安。这就是第一阶段的特征，虽无能力，却也尚未萌生出明确的意识，即“不知己不能”。随着年龄的增长，总有一天他们会发现：为什么别人都会开车，而我却不会呢？一旦提出了这个问题，就进入了第二个阶段：意识到自己缺乏某种能力，即“知己不能之”。由于已经意识到了不会开车的种种不便，而且感到不安，所以理所当然会主动采取措施，改变现状。高中刚毕业的小女生或许会缠着爸爸带自己去空旷的地方练车，爸爸或许会给她报名去驾校学习。不管通过哪种途径，重点是已经迈出了第一步，找到机会开始学习这种新的技能了。这就是第三个阶段：“知己已能之”。在这个阶段，明明已经学会了所有的操作，背熟了所有的交通法规，可每次把手放在方向盘上的时候，心里难免还是会有点儿紧张。必须时刻留心手部动作和脚下换挡的配合，遇到比较复杂的路况也会略微有点儿害怕。总而言之，开车时必须集中自己全部的精力和能力，根本顾不上别的事情。直到有一天，突然发现自己再也不用盯着倒车镜了，拐弯并线时不会老是急着打转向灯了，离合换挡、停车起步也已经习惯成自然了。大脑终于有了空间，可以放松下来，一边开车一边听听音乐。这就说明我们已经到达最后一个阶段：潜意识、有能力，即“不知己能之”。

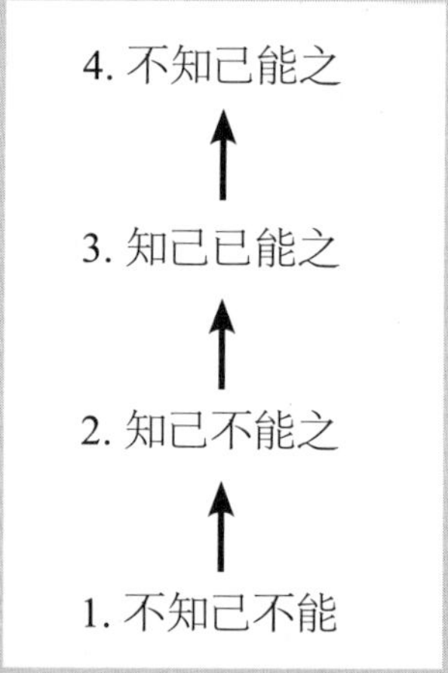

图3–1　学习的4个阶段

从某种意义上来说，我们的终生目标就是要让自己在尽可能多的领域达到最后一种潜意识下操作的能力的状态。人之所以有这种欲望，想要自己做得更好，一方面是出于某些现实的原因，但更重要的是，我们只有在潜意识的状态中才能全身心放松，尽情享受整个过程。说到这里，不妨再来看一个例子。如果你小时候学过乐器，就会知道反复练习同一首曲子是多么辛苦，一边要注意指法、控制节奏，一边还得时刻盯着谱子。可是到了钢琴家的水平，一切就只是潜意识的自然表现了。他们的手指在琴键上自由地跳动，他们的情感通过音符得以抒发。这种毫不拘泥于技巧的演奏不仅能够给听众带来愉悦的享受，对于演奏者本身来说，也不再是枯燥的机械练习。

本书旨在让你的阅读能力达到潜意识操作的最高境界。当你忘记了所有技巧，全身心地融入阅读的文章以后，就能享受到阅读带来的种种乐趣与益处了，从而真正地爱上阅读，爱上学习。

自己学习并掌握技巧是一种能力，向别人传授技巧又是另外一种能力。一个从两岁就开始练习滑雪的人肯定解释不清自己如何控制肌肉、调整姿势、转移重心才能滑出一条完美流畅的曲线。体坛高手往往都无法成为优秀的教练。与之相反，阿加西的教练尼克·波利泰尼虽然自己网球打得并不出色，在某些单项训练中，还得给阿加西安排其他陪练，但他绝对是那个年代屈指可数的顶尖级网球教练之一。

科学家已经进行过无数次研究，试图从阅读高手身上找出高效阅读的秘密。早在20世纪50年代，美国就曾经有过一次大规模的调研。研究人员找到了一些阅读速度超过1 500字/分钟却仍然能够深刻理解文章含义的“稀有动物”，对他们进行长期观察，希望总结出最佳的阅读模式。研究结果显示，阅读高手最明显的特征之一就是眼球的运动方式。让我们先来看一下效率最低的眼球运动方式。那些阅读速度低于300字/分钟，而且对文章的理解程度很低的人，往往就是像图3–2这样逐字阅读的。

图3–2　阅读速度低于300字/分钟的人的眼球运动方式

如果你的阅读速度略快一些，那就说明你的眼球不需要如此频繁地运动与对焦。一般来说，1分钟能读800个字的人阅读每行文字只需对焦2~3次，如图3–3所示。

如果我们按照图3–3的模式来移动视线，大脑就不再需要逐一拼凑每个词语了。一旦大脑可以直接按照语义单元来处理读到的信息，阅读速度自然就会有所提高。流畅的阅读能够给左脑带来足够的信息输入，右脑也能得到充分地运用。大脑没有多余空间用来开小差了，我们自然就会感觉自己的注意力更集中了，阅读效率得到了明显提高。良性循环就是这样开始的。

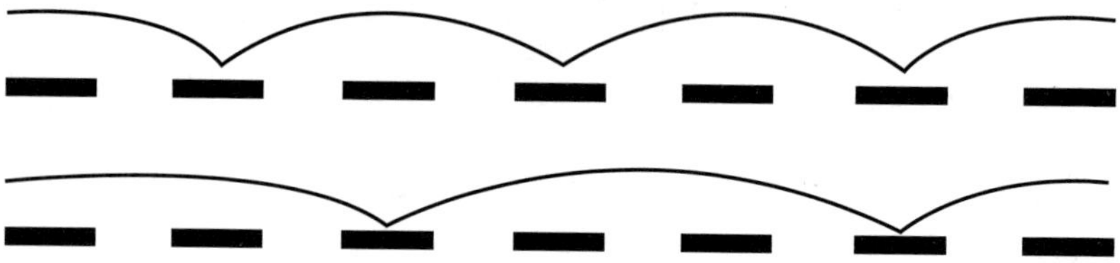

图3–3　阅读速度低于800字/分钟的人的眼球运动方式

阅读速度的上限在很大程度上取决于眼球每次读入的字数。如果逐字阅读，那么阅读速度一般只能达到240字/分钟。一旦眼球运动的方式有所改变，每次眼球运动能够读入2~3个字，速度就会马上提高到480~700字/分钟。但我在这里仍然要特别说明一下，这些数值都不是硬性指标。我之所以把它们列举出来，只是为了让大家对不同水平的阅读速度有一个笼统的概念。当你真正翻开一本书开始阅读的时候，每分钟究竟是看了700字还是750字并不是特别重要，正如我反复强调的那样，高效的理解和消化才是阅读的最终目标。而且，我们还必须学会灵活控制自己的阅读速度，有意识地根据不同的阅读目的选择不同的策略。比如，复习考试时的阅读重点显然应该倾向于理解和记忆，出于对时间的考虑，我们对阅读速度的要求也会相对高一些。但如果是为了消遣娱乐而阅读文学作品，我们就可以相应地放慢一点儿速度，着重欣赏和品味。

让我们再回到眼球运动这个话题上来。如果我们仔细观察一下那些每分钟阅读1 500字甚至2 000字的人，就会发现他们眼球的运动方式更为特别。他们不仅能够同时阅读上下相邻几行的内容，还可以把视线十分自然地往回跳，捕捉上一个句子里的关键词。

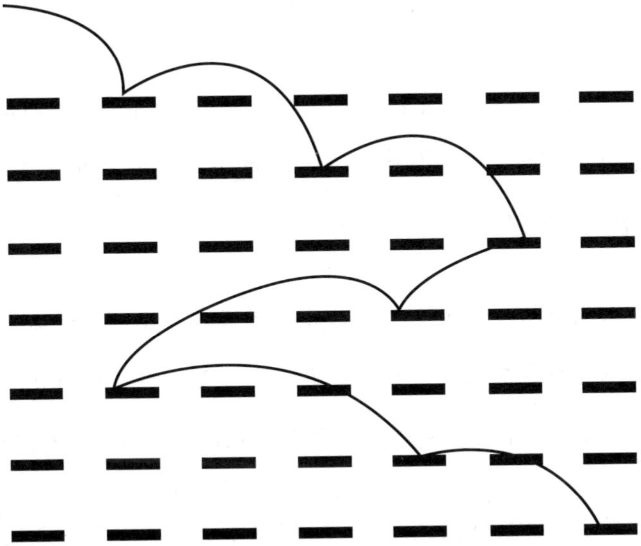

图3–4　阅读速度在1 500~2 000字/分钟的人的眼球运动方式

或许你还无法理解，为什么这些高手的视线反复跳跃，却不会影响他们阅读的流畅度。其中的奥妙就在于对重点字词的捕捉，一旦掌握了这种技巧，我们的大脑就会根据关键的信息和逻辑自动组织出整个句子和段落的意思，单个信息点的输入次序也就不再那么重要了。从另外一个角度来看，每个作者都有自己的表达习惯，同一个意思本身就可以用无数种不同的表达方式来表现。比如，现在有一个句子的重点在于“我在看书”这个动作和“在我家的花园里”这个具体的地点。只要我们每次读入整个语义单元，那么以下两种语言组织方式就没有什么本质性的差别了。

我在看书——在我家的花园里

在我家的花园里我在看书

与之相反，如果我们只会逐字阅读，阅读的顺序就成了理解的关键。

书—看—里—园—花—的—家—我—在—我

可是，为什么只要学会按照语义单元来阅读，我们就可以摆脱字词先后顺序的局限呢？我们的大脑真的能够准确无误地理解文章吗？看完下面这个活生生的例子，你就一清二楚了。

根据一则调查从英语大学，一行字中的顺序每个词在什么位置没关系，最重要的是第一个字在正确的位置，最后一个也是。剩下的就是完全混乱，你能没问题地读明白。这是因为阅读不是每个单独的词，而是所有词作为一个整体。

怎么样？是不是很惊讶呢？其实，只要语言文字的掌握达到了一定的水平，我们的大脑就会自动开始把语义单元作为处理信息的基本单元，而不是一个字接一个字地处理。我们之所以能够读懂上面这段语序混乱的文字，正是基于这个原理。换言之，对于一个刚上小学的孩子，或是一个刚开始学习一门语言的人，上面这段文字就是天书。

人们常说的“一目十行”也是这样的道理。既然我们的大脑可以自动忽略混乱的字词顺序，那可以更进一步，忽略字词在句子里出现的先后顺序。只要能改掉逐字阅读的习惯，你会发现自己也能够做到“跳跃式阅读”。只要记住熟能生巧，你就会有更大的动力。

既然我们现在还处于准备阶段，我就暂时不深入到具体的练习方法中了。总而言之，我们将采取循序渐进的方法，逐步增加每次练习的难度。首先尝试每次读入两个字，并且注意比对自己对文章的理解是否受到了影响。只要感觉自己已经习惯了这种方式，并且体会到了加快速度对理解文章的促进效果，就可以开始练习3个字。一旦你的阅读速度达到700字/分钟，就可以开始尝试以行为单位的练习了。

第四章

阅读的出发点是一笔一画

要想挖掘出阅读的奥秘，光往“山顶”上看是不够的。在正式起程之前，我还想请大家转过身来望一下身后的路，回顾一下我们整个阅读旅程的起点。或许你会问，是逐词或者逐字阅读吗？不对！那是单个字母ABCD？也不对！出乎大多数人的意料，我们的大脑其实是从每个笔画开始学习书面文字的。在一个刚开始学英语的孩子眼里，字母A其实是一幅由3条不同方向的直线组成的图像。整个单词的读入也是同一个道理。比如，小朋友的眼睛首先看到的是下面这幅图像，经过大脑的一系列组合与运算，才产生了理解：这个单词是“AND”。

图4–1　“AND”的笔画

经过反复练习，我们开始逐渐将字母作为识别文字的最小单位。相应地，起步阶段的阅读速度也非常慢，更说不上对文章的整体理解。下一个阶段就是以音节为单位的。遇到较长的单词，我们先得分辨出其中的各个音节，依次读出，最终理解整个单词。事实上，不少阅读速度较慢的成年人至今还保留着这个习惯。你现在肯定已经知道，这种高频率的跳读和定焦会大大拖慢阅读速度，对理解也毫无帮助。我们已经找到了阅读能力欠佳的根本原因。如果大家想验证一下这个理论，不妨随便找来一篇文章，一个音节一个音节地通篇朗读一遍。你会发现，虽然自己的注意力一直集中在文章上，却始终有种支离破碎的感觉，很难从整体上理解文章的内容，就更不用说记忆了。

当然，并不是所有人都会停留在音节这个基础阶段止步不前。只要当初的学习方法得当，我们就会更进一步，开始逐字阅读。对于绝大多数读者来说，这就是登山的起点。如果你已经超越了这个阶段，能够一次读入两个或者多个单词，那就说明你的起点已经比一般人高出了许多。你已经从一笔一画的山脚爬到了半山腰，但千万不要沾沾自喜哦！在接下来的章节里，你会发现自己的阅读能力仍然有非常大的进步空间。

那么，事不宜迟，让我们一起继续登山之旅吧！

本部分要点：

请大家在接下来的阅读过程中始终谨记以下几点：

- 在整本书中，我们都会统一使用“字/分钟”或“单词/分钟”来测定阅读速度。这个数据的作用仅仅在于方便大家控制自己的训练进度，绝非横向比较的标准。不断超越自己才是训练的真正意义所在。
- 自测理解程度的最佳方式就是用自己的话复述原文。
- 逐字阅读不仅会减慢阅读速度，还会影响我们对文章内容的整体理解程度，妨碍注意力的集中。
- 阅读高手都是按照语义单元来阅读文章的。阅读高手甚至能够做到“一目十行”，摆脱原文表达顺序的限制，同时阅读上下几行的内容。

|第二部分|

登山之旅

一切都已准备就绪，登山之旅正式开始！在这段漫长的旅途当中，我们的首要任务就是提高自己的阅读速度。然后，我们将在快速阅读的基础上学习集中注意力和提高理解力的各种方法。最后一步进行的则是增强记忆力的训练。

主要任务：

- 提高阅读速度
- 集中注意力
- 培养理解力
- 增强记忆力

第五章

提高阅读速度

请带着以下问题阅读本章：

- 如何引导眼球的运动？
- 为什么总是不知不觉地默读？
- 有没有一种练习能在最短的时间内提高阅读速度？
- 如何制订合理的训练计划？
- 怎样才能拓宽视野？
- 怎样在没有阅读辅助的情况下保持高效？
- 怎样才能成为阅读高手？
- 如何阅读世界名著？

虽然我们的最终目的并非单纯的快速阅读，但速度绝对是阅读能力的基础。只有达到了一定的速度，我们才能从根本上解决注意力不集中、理解不彻底和记忆不深刻等问题。那么，提高阅读速度又应该从哪些方面入手呢？没错，就是视觉！我们得让自己的眼睛学会科学的运动，学会按照语义单元阅读。可说到这里，问题就来了。人眼的运动主要由潜意识支配，只要不出现特殊情况，我们甚至不会意识到双眼的存在。想从零开始学会刻意控制眼球的运动，谈何容易。根据我的经验，最有效的策略就是从本能出发，用旁敲侧击的方法形成新的条件反射，让大家在不知不觉中改变原有的阅读习惯。

在开始正式训练之前，我想请大家先做一个小实验。与第二个实验一样，我们也需要一个助手。如果一时间找不到合适的对象，可以暂且跳过，等有机会再回过头来补做。

趣味测试5-1

转动眼球画一个圆圈

请你和你的“实验助手”面对面坐下。首先，请他转动眼球画一个圆圈，你仔细观察其眼球的运动轨迹，看看能否做到想象中的匀速圆周运动。然后，请你们互换角色，由对方来观察你的双眼。做完以后请不要急着走开，紧接着还有一个实验需要两人合作。

结果如何？你们的眼球真的能够画出一个圆滑匀称的圆圈吗？如果我没有猜错，答案应该是否定的。无论你多么努力地控制自己的眼球，实际结果充其量是一个近似圆形的多边形。这就是人眼与生俱来的工作机制。在没有外界辅助的情况下，“裸眼”既无法画出一个完美无缺的圆形，也无法画出工整的方形。阅读的时候也一样，尽管我们感觉自己的双眼一直沿着每行的文字匀速移动，但视线却会在大脑毫无察觉的情况下突然跳到另一行，甚至另一页。我之所以设计这个小小的实验，就是希望大家能够通过亲身体验和亲眼观察，认识到这一问题。那么，我们怎样才能突破眼睛先天构造的限制，学会控制自己的眼球呢？做完下面这个实验，你就知道答案了。

趣味测试5-2

加上食指的引导，会怎么样？

在接下来的这个环节里，你和你的搭档再一次转动眼球画圈。不过，这次多了一个小帮手。在你的搭档转动眼球画圈的同时，请你用食指在他面前稍微做一下引导，让他的视线跟着你的指尖运动。完成以后，请互换角色，看看你自己的眼睛听不听指挥。

怎么样？结果比第一次好多了吧？有了食指的引导，我们的眼球可以轻而易举地画出任何一种简单的几何图形，运动曲线也相当圆滑，不会出现那种随意乱跳、一顿一挫的现象。

从本质上讲，人体的所有器官都只有一个机能，那就是协同合作以确保生命体征正常，眼睛在其中扮演的具体角色是探测周围环境中运动的物体。不管是躲在灌木丛中蠢蠢欲动的剑齿虎，还是从你身边飞驰而过的宝马车，有运动的物体存在的地方往往就有潜在的危险。所以，为了尽早发现危险，及时做出反应，我们的视线必须在最短的时间里从一点跳到另一点。这就是我们的生存本能。你在日常生活中肯定也有过类似的经历，只要有人向你招手，不管周围的人群多么密集，你都会不自觉地转过头去，很快锁定目标，但寻找一个静止的物体则往往困难得多。

知识普及4

生存的本能

人体的各个器官看似各司其职，实际上都是为了一个最单纯却最根本的共同目标——生存。如果你在原始森林里，突然听见身后的灌木丛中传出树枝折断的声响，还没等你反应过来，脑袋就已经下意识地转了过去，眼睛也开始环顾四周，搜索声音的来源。假设你发现的是一头凶猛的野兽，这个图像信息就会通过你的视觉神经在1/1 000秒的时间里传递到你的大脑。人脑可粗略划分为大脑边缘系统（简称缘脑）、脑干和大脑皮层。其中，缘脑相当于一个过滤信息的中转站。每接收到一个新信息，缘脑第一时间就会做出分析。一旦识别到可能对生命产生威胁的状况，缘脑就会把信息传递给脑干。脑干位于人脑的最深处，是所有脑部分区中最原始的部分，负责指挥人体发挥最基本的生存本能。由于乌龟与蜥蜴等爬虫类动物也有脑干，所以这个分区又被称为"爬虫类脑"。我们在有异物向自己飞来的时候都会本能地抬起双手保护头部，这就是脑干发出指令的结果。如果遇到生命危险，脑干还会指挥四肢做出下意识的反应——或是逃跑，或是战斗。

与脑干不同，缘脑的主要职能在于分析与传递信息。假设你刚才看到的并不是

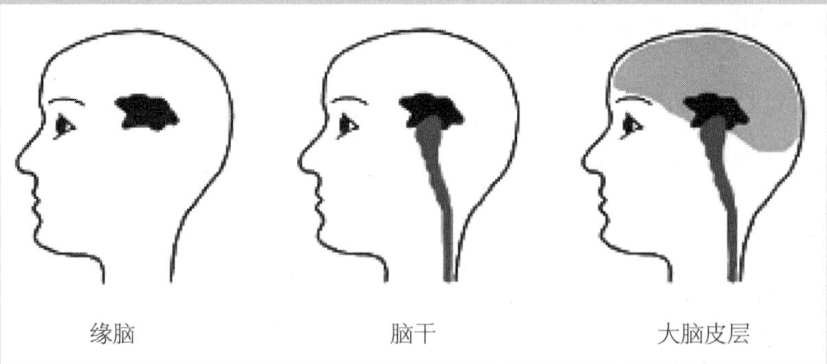

图5–1　人脑的构成

一头饥饿的狮子，而是一只慢吞吞的乌龟，缘脑就不会惊动脑干，而是选择把信息传递给大脑皮层。大脑皮层又叫新皮层，是人脑中最后进化形成的部分。在我们的双眼继续观察周围环境的同时，新皮层就会调出以往的经验与知识储备，与当前情况进行对比，然后做出意识层面上的逻辑判断和相应的决定。

大脑皮层是人脑中最高级的部分，也是区别人类与其他动物的重要特征之一。我们日常生活中的所有思维与辩证能力都依赖大脑皮层的指挥和控制。因此，在阅读的过程中处理新信息、学习新知识主要就是靠大脑皮层。在接下来的训练里，我们要加强缘脑与大脑皮层之间的信息传递，提高大脑皮层接受与处理信息的能力。

要想做到这一点，我们还得进一步探究人脑的生存本能，了解潜意识层面的运作机制。只要方法合理，顺应人脑运转的规律，我们就能在不知不觉中学得更快、更好、更轻松；反之则是逆水行舟，事倍功半。本书主要关注与阅读有关的内容。

既然人眼天生就不善于捕捉静止的影像，那么阅读无疑就是一项它极不擅长的活动。我们必须时刻强迫自已将视线停留在静止的文字上面，才能完成阅读这一项非本能的任务。难怪各种各样的小动作会乘虚而入，阻碍阅读进度。在这些小动作中，当属潜意识的视线游移对阅读的影响最大。一旦其他感官受到外界的刺激，我们的眼球就会瞬间离开书本，去寻找移动的物体。由于这种动作几乎很难受人的意识控制，所以我们只能事后再把视线重新“拽”回书本上，花时间找回上次的进度。遇到这样的情况，阅读方法不当的人甚至会有意地重新阅读上一行或上几个词。对于刚认字的孩子来说，这种重复阅读的方法确实能够提高理解程度，重新进入阅读状态。但对于早已超越了起步阶段的成年人来说，这只是白白浪费时间，并不能起到任何积极的作用。

或许你从来都不曾意识到，换行也是阅读过程中比较困难的一个环节。临床实验表明，眼球寻找下一行的第一个字所花费的时间，占阅读总时间的1/3。也就是说，我们每阅读3个小时，就浪费了整整1个小时来换行。有时候我们的视线会跳到同一行的开头，有时候又会不小心跳过了下一行。被这种与阅读内容毫不相干的小事不断干扰，试问阅读速度怎能加快，理解程度又怎能提高呢？如果每一行的第一个字都会自己伸出一只小手，向我们的眼睛示意，那该多好啊！

动态的物体不仅能够提高眼球运动的速度，还可以吸引我们的注意力。就像我们在前文中提到的那样，运动的物体往往意味着潜在的危险，而人脑运转的生理机制就是优先处理这类信息，加倍关注周围环境中的动态变化，及早察觉到对生命构成威胁的物体。假设你正在原始森林中徒步旅行，一条致命的毒蛇在慢慢地向你靠近。只要它还藏在路边的树丛里，你就很难发现这一潜在的危险。可一旦毒蛇靠得够近，而且还在继续向前爬行，你的眼睛马上就会捕捉到这幅动态图像，随后你的身体做出反应，做出吓走毒蛇的动作。

关于这个理论，我还有一个十分有趣的例子。上大学的时候，很多同学都会在图书馆里一待就是一整天。在晚上回家的路上跟他们聊天就会发现，他们能够轻而易举地说出谁什么时候进来过、穿了什么衣服、从哪个书架上取了什么颜色的书，又有谁在什么时候离开了座位。可一谈起当天读过的书，记忆就远没有那么清晰了。在我看来，这一点儿都不奇怪。那些来了又去的人都是运动的图像，自然会得到大脑更多的关注。与之相反，书本上的文字却始终是静止的，不是我们本能想要关注的东西。因此，要想专心读书，就必须强迫自己集中注意力。读书之所以辛苦，就是因为它违背了人脑的自然机制。

再比方说，你到一个朋友家做客。你们坐在客厅的沙发上，旁边开着电视。

你起初根本没打算看电视，只是想和自己的朋友喝上一杯红酒，好好聊聊天、叙叙旧。可你的眼睛一点儿都不听话，一有机会就往电视屏幕上瞄。就算你有所察觉后有意识地扭过头来，过不了多久，同样的情况肯定还会再次出现。这简直再正常不过了！这就是生存本能，早已深深地扎根在每个人的基因里。

第一节　辅助阅读法

接下来，我们就要把这个原理应用到阅读训练上，并且据此给自己找个“私人登山教练”。

首先，请大家回答我一个问题：如果要数出这一页的总行数，你会怎么做？会用食指或是用笔在一旁比着，还是单靠眼睛一行一行地往下数？我相信，大多数读者都会下意识地选择一种辅助手段。因为，单靠眼睛不仅很辛苦，而且计数的结果也很有可能出错。我们常常会数到一半就开始怀疑自己数得不对，而不得不从头开始，并用手来帮一下忙。

要想观察这种本能的动作，只需留意一下学龄前儿童读书时的情景就可以了。他们的学习方法不仅更自然，也更有效率。如果没有老师或家长在一旁指导，这个年龄段的孩子大都会不自觉地把一根手指放在书页上，一边移动手指一边跟着指尖的引导阅读。不管他们是已经认字，还是只想装模作样地看看书，这根手指头都会一直老老实实地待在书页上，好像没有手指的引导，他们的眼睛就不知道该往哪儿看。只可惜，大人们总以为这是笨孩子的做法，会妨碍阅读、影响速度，只要一发现自己的孩子这样看书就会予以纠正。这真是大错特错！阅读的效率取决于眼球运动的速度，而辅助工具的引导恰恰能优化眼球的运动方式，从侧面帮助我们提高阅读速度。如果你曾经尝试过这种方法，却没有达到理想的效果，那我只能说你的手指或笔尖向前移动的速度还不够快。不信的话，大家可以跟着我练习一下。

图5–2　用笔辅助阅读

我们将从使用阅读辅助工具开始，逐步引导我们的眼睛，锻炼自己有意识地控制眼球运动的能力。首先，我们需要一支笔。我个人最喜欢图5–2中的这种姿势，把笔杆轻轻地夹在食指和中指的第一个关节之间。此外，我在读书的时候习惯写写画画，有时会标记一下重点内容，有时会在页边空白的地方做一下简短的批注，所以我会选择铅笔。为了不让笔尖把书本画得乱七八糟，我还会把笔杆稍微抬起，只用中指、无名指和小拇指这3根手指来接触书页。不过，这些都是个人喜好而已，最重要的是你自己觉得顺手，读得舒服。

实用练习1

用笔辅助阅读

现在，请你也试着用笔来辅助阅读。虽然我刚才提到了移动速度的问题，但在这一阶段，我们还不必关注这个问题，不影响理解才是最重要的。此外，你也不必过于计较手眼协调的问题。刚开始的时候，你的阅读速度或许会跟不上笔尖移动的速度，遇到比较简单的句子，视线也有可能会落在笔尖的前面。这都不要紧。只要用笔尖大致引导着眼睛继续往下读就可以了。练习得多了，你的协调能力自然会提高，找到适合自己又与文章难度相匹配的移动节奏。

在刚开始的几分钟里，你或许会觉得有点儿别扭，理解程度也会受到一定的影响。不过不要紧，这都是很正常的。因为你已经有很长一段时间没有用这种方式来阅读文章了，你的大脑还没适应辅助工具的介入。只要你把注意力集中在笔尖的移动轨迹和文章的内容上，这种不适感很快就会消失。读完几页之后，你甚至会忘记自己的手还放在书上。这时，用笔辅助阅读就已经成为你潜意识下操作的能力了。如果你还记得上一章讲到的普及性知识，你就会知道自己的动作已经变为潜意识下的动作，不需要再占用大脑内存了，你的全部精力也可以重新回到阅读与理解文章的内容上。

你会感到自己的注意力变得更加集中。哪里有运动，哪里就有注意力，这就是大脑本能运转机制的体现。解决了走神的问题，阅读就会变得更加流畅，理解文章也不知不觉地变得更加轻松了。除此之外，你的阅读速度也会更上一层楼。这种进步一方面是因为你的视线不会毫无规律地在密密麻麻的文字之间跳来跳去，更不会在看了两三行之后就游移到书本之外。另一方面，你还节省了换行的时间。总而言之，如果你的眼睛能够在更短的时间内完成捕捉文字信息的任务，整体速度就会明显提高。对于阅读理解来说，这种进步是至关重要的：视线得到持续的引导，大脑就能获得充足的信息供给。大脑没有了闲置的空间，我们自然就没有多余的心思去胡思乱想，琢磨出一些消极的心理暗示了。而且，你的整体精神状态就会更加饱满、更加积极，思路也会更加清晰。不要忘记，持续移动手中的铅笔实际上就是在无形中刺激自己的另一个感官渠道。众所周知，感官渠道调动得越多，学习效果就越显著。此外，手部的运动还能够激活人脑中负责思维的右脑神经中枢，有助于从整体上理解文章的深层含义。

当然，笔并不是唯一有效的阅读辅助工具。通过观察我的培训班里的学员，我发现很多人都喜欢用手指代替笔尖来引导视线运动。图5–3所示的就是最常见的手势。不过，与使用细细的笔尖不同，食指必须放在每行文字的下方，否则我们就一个字都看不见了。

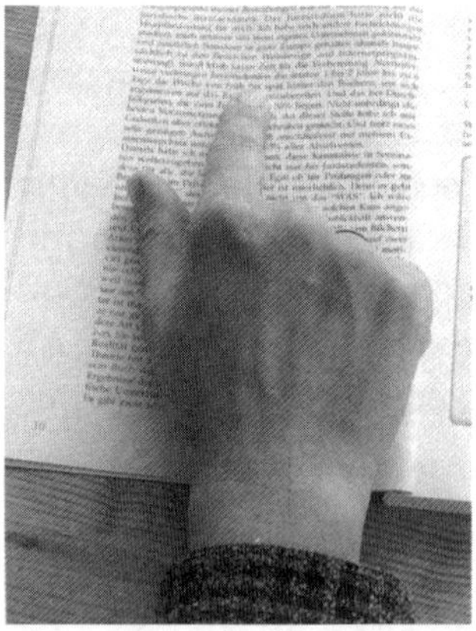

图5–3　用一根手指辅助阅读

图5–4这种方式也是我个人认为比较好用的。如果不需要做笔记，或是手边没有铅笔，这也不失为一个好办法。大家可以把整个手掌平放在书本上，手心微微隆起。如果你现在只能一次读入一个字，那就把中指指尖作为主要的引导工具。

图5–4　用整个手掌辅助阅读

当然，我并不是要求大家一辈子都拿着铅笔来读书。任何一种引导视线的手段都只是为了帮助我们建立新的条件反射，辅助初期的阅读训练。我们的真正目标是学会有意识地控制自己的眼球，在没有外界辅助的情况下仍然能够高效地吸收信息。就拿我个人来说吧，除非遇到难度较大的文章，或是感觉自己精神状态欠佳，我一般都不需要使用阅读辅助工具。轻轻松松地靠在沙发上看书多舒服啊！在接下来的章节里，我们将利用阅读辅助的方法逐一学习拓宽视野、缩短眼球定焦时间和控制眼球的方法。一旦这些最基本的阅读技巧都变成了潜意识下操作的能力，你就可以开始不用阅读辅助工具了。因为，已经成功建立的条件反射，是不会因没有了阅读辅助工具的引导而突然消失的。

但是，不管经过多久的练习，有些本能反应还是无法改变的。一旦没有了手指或者笔尖的引导，我们的眼睛肯定还是会偶尔离开书本，下意识地关注周围的动静，这样注意力难免会或多或少受到影响。我在碰到难度较大的文章或是在注意力稍有下降的时候，还是会下意识地把手指放到书页上。这种习惯就好比用手推车运货，一旦发现小车慢了下来，我们不用多想就会再用力推一把。不过，此时的手部运动方式就与起步阶段的方式不同了。我的手指不再老老实实地紧贴着书页，从头到尾划过每一行文字，而是悬空在每一页中心靠上的位置，稍作指引。因为，经过前期的训练，我的视线所及之处已经可以一次性覆盖整页内容了。这时，阅读辅助的作用只是帮助我们把视线和注意力重新集中到书本上来。我之所以现在就给大家讲这些，是为了让你们了解整个进步的过程。现在，还请大家不要急功近利，继续坚持用笔尖从头到尾划过每一个字。接下来的内容是训练的关键部分，要尽量多挤出一些时间来练习，让自己尽早习惯阅读辅助的方式。最好的办法是，从现在开始就跟着笔尖或者指尖继续阅读下面的内容。

实用练习2

用阅读辅助的方法读书

请你重新翻到这本书的开头，用阅读辅助的方法阅读前几页内容。尽管内容已不再新鲜，但请大家至少坚持10分钟。

接下来，你需要给自己找一本“练习书”。这本书的内容可以涉及任何一个你感兴趣的领域，篇幅长短不重要，只要是从未读过的而且内容不那么深奥的书就可以。我建议你现在就去书柜里翻一下，看看有没有哪本书是你一直想读却始终没时间读的。不过，漫画或杂志不行。我们训练的是阅读长篇文字，所以要尽可能避免图片或者图表的干扰。最后还要提醒大家注意的是，请你把这本“练习书”用作本书的配套练习专用书，其他时候不要随便翻阅它。

实用练习3

把“练习书”读3遍

找到自己喜欢的“练习书”了吗？好的。现在就请你翻开此书，在笔尖或手指的引导下从头开始阅读，计时1分钟。1分钟过后，请你标记出自己的阅读进度。然后，再计时1分钟，用自己的话复述刚才读过的内容。复述的内容不需要十分详尽，只要能说出关键词和文章的重点即可。千万不要动笔，也不要把脑子里思考的内容说出口。最后，请你参照我们在准备阶段提到的百分比标准判断一下自己的理解程度。我知道，你肯定会觉得难度不小，但这绝对不是借口。恰恰因为你现在还不能顺利地阅读和复述，才需要继续勤加练习，弥补自己在这方面的不足。

现在，请你重新翻到“练习书”的开头，再用1分钟的时间把刚才那一部分重读一遍。在开始阅读之前，请你回想一下自己在刚才复述的过程中遗漏了哪些细节，并且有意识地在重读的时候着重关注这部分内容，力求通过第二遍阅读达到完全理解并记住这些内容的程度。既然你已经对这段文字有了初步印象，就不妨试着稍微加快一点儿速度，也就是把你的阅读辅助工具移动得稍快一些。此外，你还可以有意识地根据阅读目标来调整自己的速度：遇到已经能够顺利复述的部分，就读得快些；还没理解或是复述不出来的部分就要稍稍放慢速度，读得更仔细些。这种阅读策略就好比登山运动员根据不同的地形调整攀登的速度。大脑能够适应不同阅读速度的能力越强，合理调整阅读方式的能力也就越强。不过，一切都在于平衡。虽然可以偶尔放慢速度，但也不能忽略整体进度！这篇文章对你来说已经不再陌生，那么在相同的时间里，你在读第二遍的时候就要争取比上一次多读几行。读完以后，用不同颜色的笔标记出这一次的进度，看看自己是否达到了目标。最后，当然还是要合上书本，默默地复述一遍。看看自己这次的理解程度如何，能否顺利回忆起上次遗漏的部分。与阅读速度相同，你这一次也要争取达到更高的理解程度。

通过第二遍练习，希望大家都有了一定的进步。现在，让我们再一次回到“练习书”的开头，开始第三遍重复阅读训练。如果上一次的理解程度还没达到100%，你就必须在这次阅读之前给自己定下非常明确的阅读目标：上次遗漏了哪些要点？这次应该把注意力着重放在文章的哪个段落上？同样给自己计时1分钟，从头读起。1分钟过后，请你标记出这次的进度，并且通过默默复述测试一下自己的理解程度。

结果如何？你的标记是否每次都推进了几行？你的阅读理解程度是否得到了持续提高？或许你已经发现，即使连续读了3遍，而且阅读的篇幅也不算太长，但达到100%的理解程度却远比想象中困难得多。

通过反复阅读，复述内容时肯定一次比一次详尽、准确。由此可见，读一遍就想完全理解并且记住整本书的内容，几乎是不可能的。仔细回想，我们曾经反复阅读过多少本书呢？难怪老是觉得自己的阅读收获不大。要知道，几乎所有的阅读高手都有反复阅读的习惯。在不久的将来，你也会成为其中的一员。你会欣喜地发现，即使同一本书反复阅读了好几遍，总共花费的时间却比原来死啃一遍要短得多，理解也更加透彻。现在，让我们重新回到阅读速度这个话题上来。在本书的最后一部分，我们会继续探讨阅读的科学方法。

实用练习4

反复练习辅助阅读

请你重新拿起你的“练习书”，找到上次阅读的标记处，继续练习辅助阅读。这一次的练习时间至少需要10分钟。在接下来的几天里，请你尽量抽出更多的时间反复进行这一练习，直到你感觉辅助阅读已成了习惯，也就是能达到潜意识操作的程度。

不做复读机

登过山的人肯定都记得山顶那种怡人的静谧，但我想说的并不是外部环境所产生的噪声，而是我们每个人心中的声音。此时此刻，你正在心中默念这句话，对不对？这种现象在心理学上被称为“默读”或“心读”。大多数人在识字的过程中都会把视觉刺激，也就是眼睛通过阅读获取的文字信息，下意识地转化成听觉刺激。由此可见，阅读是人类唯一一种由视觉代替听觉来获取信息的行为。在学习认字的最初阶段，有声阅读确实不失为一种帮助理解的有效方法，而且大人们也只能通过这一种途径来检测小朋友们的识字能力。试想一下，如果每个孩子都默不作声，老师又怎能发现有人把“己”看成“已”、把“小鸟”念成“小了”了呢？

随着年龄的增长和阅读能力的提高，我们早已不需要通过大声朗读来证明自己看到了什么信息。但从小养成的习惯却保留至今，绝大多数人都会不自觉地在心里默读。其实，这就是影响阅读能力的罪魁祸首。我们不应该让朗读或者默读限制我们的阅读速度，而是要努力让阅读速度赶上人脑处理信息的速度。比如，“一个小青苹果”是一个完整的语义单元，我们的眼睛只需定焦一次就可以准确无误地把整条信息输入大脑，这个过程只需不到半秒钟的时间。但要念出来，半秒钟就远远不够了。我们的嘴巴只能一个字接一个字地输出信息，不能一张嘴就同时把6个字都吐出来。换言之，听觉接收信息的方式是线性的，无法摆脱先后顺序的限制。

那么，阅读高手是怎样处理这个问题的呢？在前面的章节里，我们已经描述过最高效的视线运动轨迹，这是我们实实在在可以观察到的。只可惜，阅读高手和一般人之间的最大区别在于，他们的大脑处理信息的方式远没有视线运动轨迹看上去那么一目了然。真正的阅读高手在阅读的时候绝对不会一字一句地跟着默念。他们的大脑无须经过从视觉到听觉的转换过程就能直接理解文章的内容。说到这里，大家或许会觉得这种能力简直高深莫测。但实际上，每个人的大脑都可以直接接收和处理未经转换的视觉信息。举个最简单的例子，你在看到一张桌子的时候马上就会知道那是一张桌子，我相信没有人需要在心里对自己说：“看啊！那是一张桌子！”语言的作用在于向他人传递自己大脑中的信息。接收信息却未必需要走从听觉到视觉这条弯路。所以，我们现在要做的只是把这种与生俱来的能力延伸到阅读上，让我们的大脑逐渐摆脱对听觉渠道的依赖，只通过视觉渠道来获取并处理文字信息。

在学习的过程中，听觉渠道固然重要，启用更多的感官也的确有助于加深印象、增进理解，但一切都不可一概而论。比如，一边读书一边标出重点是好习惯，可如果我们动辄就把整篇文章从头到尾都画上红线，显然就毫无意义了。总而言之，感官本身并没有优劣之分，重要的是如何正确地使用它们，从而发挥每种感官的最大优势。对于阅读时的默念，也是这个道理。我们既不能完全压抑潜意识下的默念，也不能从头到尾都在心里絮叨个不停。我们要把默念当成一支无形的荧光笔，只在遇到关键词和重点内容的时候才拿出来画上几笔，这样才能在不影响速度的前提下，起到辅助理解和加深记忆的积极作用。在一篇难度适中的文章中，大约70%的篇幅都是基础词汇。这些基础词汇来来回回不过400个，与文章的具体内容没有任何直接关联。不停地重复默念这些词汇，对理解文章一点儿帮助也没有。就拿最常见的“和”字来说吧，在绝大多数情况下，即使我们用一个逗号来代替这个字，也不会造成太大的理解障碍。举个更极端的例子，你平时读到“，”时，显然不会老老实实地跟着默念“逗号”；碰到“？”时，你也无须把“问号”两个字念出来，就能明白这是表示疑问的意思。既然如此，我们又何必浪费时间，把整篇文章从头到尾都默念出来呢？

阅读高手都懂得充分利用自己的听觉。他们只在看到重点词时，才会默念一下。这就相当于启动另一个感官，再次向大脑输入一遍信息，起到强调的作用。我们对日常生活的记忆也是如此，我们的大脑会自动过滤掉刷牙、洗脸、上下班这样的日常琐事，而把有限的记忆空间留给其间发生的那些特别的事。正是出于这个原因，我们才会对上个月举办的生日派对记忆犹新，却想不起昨天是几点钟吃的晚饭。所以，如果我们从头到尾都用同样的节奏来阅读一篇文章，就难怪事后一点儿印象也没有了。

那么，我们究竟应该怎样做，才能摆脱默读的影响，让听觉乖乖地给视觉让路呢？默念这个习惯是长年累月养成的，不太可能一夜之间就彻底改变。对于这种已经根深蒂固的习惯来说，刻意地反其道而行之，反而会刺激大脑进行抵抗，巩固原有的条件反射。就像放松和入睡一样，有些事情是不能硬来的。又比如噪声，我们越是想努力排除干扰，就越会感到烦躁不安。可一旦我们转移注意力，不再拼命逼着自己快点儿入睡，困意反而会慢慢袭来。所以，改掉默读的习惯也是同样的道理。我们首先要正视它、接受它。否则，刻意行事反而会让我们大脑最原始的部分——缘脑马上奋起反抗，以致无法达到理想的效果。道理就讲到这里，下面就让我们开始练习吧！只要跟着书中介绍的步骤循序渐进，你就能摆脱通篇默读的习惯，享受宁静的阅读体验。

做阅读练习，提高阅读速度

在接下来的训练里，你的任务就是在屏蔽听觉干扰的同时，建立起对视觉的信任，培养控制视线的能力。人体的五大感官是彼此紧密配合的，如果一个人在事故中不幸失明，他的听觉就会变得灵敏起来，逐渐代替视觉成为认知的第一感官。同样听到一个人走进房间的脚步声，盲人不仅会感知到有人靠近，还能够凭借脚步声推断出那个人的一系列身体特征。而视力正常的人一旦闭上眼睛，就很难获得更多的信息。但倘若我们成天戴着眼罩过日子，过不了多久，也能通过声音来感知身边的人和事。

顾名思义，所谓的“视觉阅读”就是要强化视觉这个感官渠道，增加视觉感官在阅读中的分量。由于我们需要屏蔽的并非外界的干扰，而是自己心中默念的声音，我们就得给自己戴上一对“隐形耳塞”。在接下来的练习中，我们要把阅读速度刻意调整得远远超过语速，让自己不得不“闭嘴”，由此让“隐形耳塞”发挥作用。

从现在开始，你必须明确区分阅读练习和练习以外的正常阅读。这一章的练习大多强调速度，很多时候会要求大家完全忽略理解的因素，这种方式是不适合正常阅读的。一旦每天的训练时间结束，你就要把练习中的种种要求全部抛到脑后，包括视线的运动问题也可以暂且放一放。等到你的训练进展到一定程度，新的阅读技巧变成了潜意识操作的能力，你自然就能把它运用到平时的阅读当中了。没进入这个阶段之前，请大家不要急功近利，否则会影响到自己平常的阅读理解水平。在本章的练习中，你可能会经常感觉自己什么都看不懂。在培训课程开课的最初几天，很多学员都无法接受这种做法。但在我看来，这一切都只是走出舒适区的必经阶段而已。

知识普及5

心理舒适区

每一次离开原有的舒适区，都是一次学习新知识的旅程。对于许多人来说，所谓的舒适区就是喝着啤酒吃着薯片，坐在沙发上看电视。但如果想更健康、想减肥，就必须离开自己的舒适区，每天慢跑半小时。

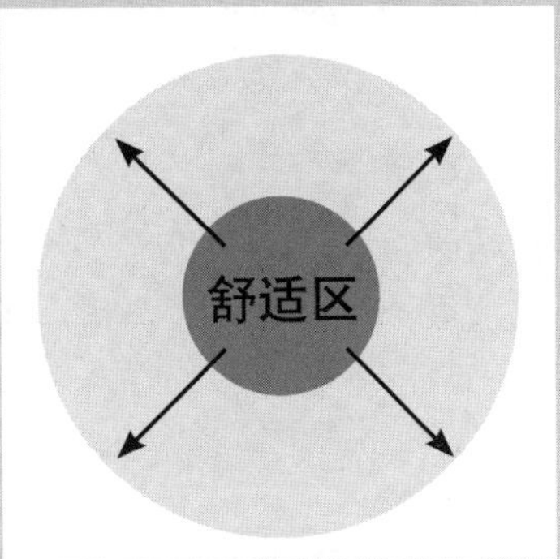

图5–5　舒适区示意图

既然我们把这个区域叫作“舒适区”，那在此区域以外的活动必然会引发一定的不适感。从人体的生理构造来看，本能就是让自己处于尽可能舒适的环境和状态之中，一旦情况有变，我们的缘脑就会马上做出反应，防止这种突如其来的不适感发展到危及生命的地步。所以，要想克服这种本能的抗拒，走出自己的舒适区，关键在于动力。常言道，一分耕耘一分收获。但你有没有想过，其实一分收获才值得我们付出一分耕耘呢？只要事先给自己定下一个目标，并且打从心底里想要得到最终的收获，我们就能从自己强烈的渴望中获得最大的前进动力。

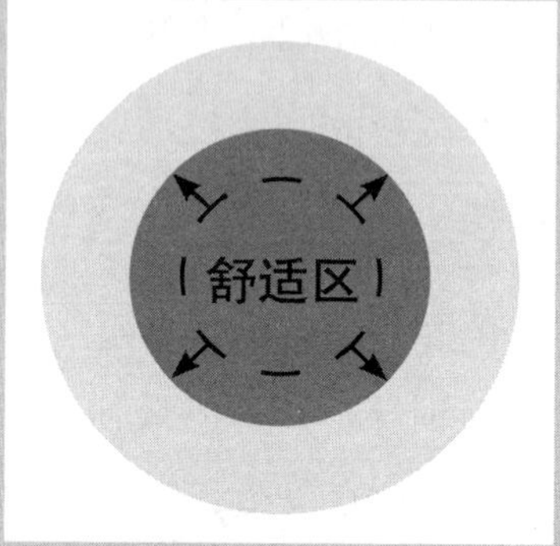

图5–6 舒适区扩大示意图

现在就让我来告诉你，离开舒适区将给你带来怎样的收获。我们的心理舒适区并非一成不变。每当你鼓起勇气向外迈出一步，你的舒适区就会随之扩大。人脑有上百亿个脑细胞，人刚出生的时候，这些细胞之间还没有任何神经元树突。婴儿不断地吸收营养，接受外界信息的刺激，脑细胞之间就会逐渐长出越来越多的树突。每个发育完好的脑细胞上都能长出数千条树突，这些树突相互连通，形成了整个错综复杂的神经网络。换言之，人类的学习过程从本质上来说就是不断建立新的细胞联系，扩大原有的神经网络规模的过程。神经网络越复杂，大脑就越发达。有了发达的大脑，人自然会变得更加聪明，继续学习新知识的能力也更强。而我们要做的就是不断体验新的事物，在自己的脑细胞之间建立更多新的联系。

脑神经之间建立了新的联系，意味着我们学会了一种新的知识或技能。随着反复练习的次数增多，原本刻意为之的动作就会习惯成自然。因此，我们之前提到的潜意识操作的能力就相当于舒适区扩大了一圈。让我们再回到健身的例子上来。一旦下定决心，强迫自己每天跑步锻炼，不出两个星期，你就会自然而然地喜欢上这项运动。哪天没锻炼，反而会觉得缺了些什么，浑身不自在。到了这个时候，慢跑已经成了你的新习惯，落在了全新的舒适区范围内。

让我们再来看一个弹钢琴的例子。假设你下定决心学习弹钢琴，首先得给自己找个老师。在新老师的琴房里上的第一节课，就是你迈出的第一步。经过最初几天的学习和练习，你学会了第一首曲子《小星星》，你的舒适区往外扩大了一小圈。如果你就此满足，觉得这辈子会弹一首儿歌就够了，那你在钢琴演奏这一领域的进步也就到头了。但如果还想尝试难度更大的曲子，那你必须再次离开自己的舒适区，重新经历识谱、记旋律、练指法这一系列过程。当然，每次从老师手里接过一张新乐谱时，你都只能磕磕巴巴地弹出大概的旋律，否则说明你拿到的是毫无挑战性的练习曲。换言之，任何进步都必然建立在面对困难、战胜困难的基础上。只有一次又一次地挑战自我，走出原有的舒适区，我们才能不断提高自己的能力。

训练阅读能力也是同样的道理。如果你这辈子都用同一种方式阅读，那你的阅读能力自然不会奇迹般地有所提高。既然你已经选择了本书，就说明你确实有提升阅读能力的需求和欲望。只要你现在克服惰性，迈出第一步，并且坚持使用正确的阅读方法，勤加练习，你的舒适区就会在不知不觉中逐渐扩大。从神经学的角度来讲，本书所讲的训练过程就是帮助你的大脑建立更多的神经树突联系的过程。在本章的练习中，我们会把阅读速度的下限定在800字/分钟左右。请你认真地完成每一个练习，让自己的大脑适应这种新的阅读节奏。请记住：一分耕耘一分收获。

在培训班上，我常常帮助学员控制阅读节奏。我会有意识地把快速阅读和慢速阅读结合起来，让大家感受两种截然不同的阅读效果。通过实验，我发现了一个有趣的现象：每轮600字/分钟的快速阅读之后，我都会调慢节奏，让他们在同样长的时间里用400~500字/分钟的速度继续阅读。然后，我让大家估计一下自己的速度，绝大部分学员的答案都是300字/分钟，有些人甚至向我抱怨这样的节奏慢得让人不舒服。究其原因，这种错觉其实来自大脑的惯性。经过了一段时间的快速阅读，我们的大脑已经习惯了较快的阅读速度，眼睛也已经习惯了每次定焦读入几个字，跳跃几次就能读完一整行。

知识普及6

大脑的“高速公路效应”

我把前面所说的错觉叫作大脑的“高速公路效应”。假设一个人正在高速公路上开车，时速一直保持在180公里左右。一个小时之后，我们把转速表遮盖起来，让他找个出口驶离高速路，并且试着把驾驶速度降到50公里/小时。几分钟后看看转速表，我们就会发现，汽车的实际时速在80~120公里之间，远不止50公里/小时。这就是所谓的“高速公路效应”。经过了一段时间的快速驾驶，我们的大脑和感官就会产生惯性，在无形中提高了判断快慢的基准。也就是说，即使一个人平时连时速100公里都不敢开，但经过1个小时的时速180公里的高速驾驶，大脑就找到了新的基准。这时突然减慢速度，大脑会自动把时速100公里定义为低速。对于我们的阅读训练来说，这个心理错觉的效应是非常有意义的。我们可以有意加快速度来提高大脑判断阅读速度的基准线，从而养成新的习惯。

鉴于课堂以外无法统一控制速度，我特意设计了以下这个练习，好让大家在家里也能做练习。

实用练习5

3-2-1练习

这个练习同样要求我们反复阅读同一个段落。

第一遍阅读

请拿出自己的“练习书”，找出一段从未读过的段落，在保证理解的前提下使用阅读辅助方法连续阅读3分钟。3分钟过后，标记出自己的阅读进度，并且用自己的语言复述大致内容，判断自己的理解程度。

第二遍阅读

请返回这个段落的开头，再读一遍。这次，你必须在2分钟的时间内完成同样篇幅的阅读任务。请相应地加快阅读辅助工具的移动速度。大多数人在第一遍练习时都会觉得理解效果明显不如上次。尽管文章内容已不再陌生，但毕竟速度突然加快了，不适应是很正常的。本次练习的重点主要在于速度，所以理解程度是次要的。如果使用计时器，你会在1分钟的时候听到一声提示。请你在此时判断一下自己是否读完一半，是否需要在剩下的1分钟里适当加速。

假如你没有达到练习的要求，没有在2分钟的限定时间里读到第一次的标记处，就请再次从头开始，重复这个步骤，直到顺利完成为止。当然，第二遍阅读完后，你同样需要复述一遍，测试自己的理解程度。尽管这一遍的阅读速度明显高于你的日常速度，理解程度也会受到一定的影响，但你应该能够回忆起更多的重点来。感觉如何？你的理解程度离100%还差多远？在下一遍阅读的过程中，你又需要特别留意哪几个方面的内容呢？

第三遍阅读

现在，请你再一次回到文章的开头。这一遍的阅读目标就是在1分钟的时间里读完跟前两次同样长度的内容。换算一下，你的阅读速度需要达到原来的三倍。如果你在第一遍每分钟阅读300个字，现在就必须加速到900字/分钟。阅读速度一下子加快这么多，对文章的理解程度显然会受到极大的影响，你甚至会觉得自己一个字都没读进去。不要紧，练习得多了自然就会有所改善。在这个阶段，你更得明确自己的阅读目的，即通过第三遍复述找出理解和记忆的缺漏。在开始正式阅读之前，请你务必再次明确一下自己的阅读目标，回想一下那些遗漏的信息在文章中的大概位置。然后，计时开始！

跟第二遍阅读一样，如果你不能在1分钟内完成，就请不断重复这一过程。而且，由于这是最后一个阶段的练习，难度自然也最高，无法一次达到要求是再正常不过的。万一你发现自己不小心漏读了一行，也不是什么太糟糕的事情。只要下次练习时尽可能避免这种情况就可以了。总而言之，我们之所以需要练习，就是因为我们现在还没达到相应的水准。若已经能够轻轻松松地达成目标，就没有必要练习了。只要你确实付出了努力，一遍又一遍地练习，你的大脑神经自然会生成新的联系，让你走出自己的舒适区。

请注意，在第三遍阅读的时候，你会发现自己不仅没有时间跟着默念，连一字一词地跟着阅读辅助工具移动都有点儿困难。因此，你可以试着从每行的第二个或者第三个字开始，而且提前一两个字把手指挪到第二行。这样一来，你的视野自然会随之拓宽，以读入剩余的信息。刚开始的时候，你的大脑或许根本无法用这种方式读入信息，从而造成理解上的障碍，但还是那句话——熟能生巧。借助这一技巧，你就能够更加轻松地完成1分钟的阅读任务，同时还训练了视线的范围。随着练习的时间越来越长，你最终只需用阅读辅助工具指着每行文字的中间1/3，就可以毫不费力地读入整行内容。

其实，“3–2–1练习”远比乍看上去要简单。培训班上的很多学员都反映，利用已经熟悉的文章来练习高速阅读比较简单，这也正是我让大家不厌其烦地阅读同一个段落的原因。大脑已经对文章的内容有了初步了解，你就能够更加轻松地走出原有的舒适区。除此以外，这个练习还可以起到训练眼睛的作用，让你的眼睛在一次定焦的时间内读入两个以上的词语。最后值得一提的是，即使文章的篇幅并不长，想要达到100%的理解程度也并非易事。

这只是“3–2–1 练习”的前半部分，精彩内容还在后面。在现在这个阶段，我们仍然将重点集中在加快速度上，但是不必担心，我们会在后面的章节里逐步展开对理解力和记忆力的训练。“3–2–1 练习”的原理其实很简单，看看图5–7就一目了然了。我之所以在练习的过程中让大家刻意加快速度，就是为了让大家尽快适应“快速阅读”，产生“高速公路效应”。随着练习速度不断提高，即图5–7中上半部分所表示的趋势，我们平时阅读的基本速度，也就是你的实际阅读速度，自然而然会得到提高。

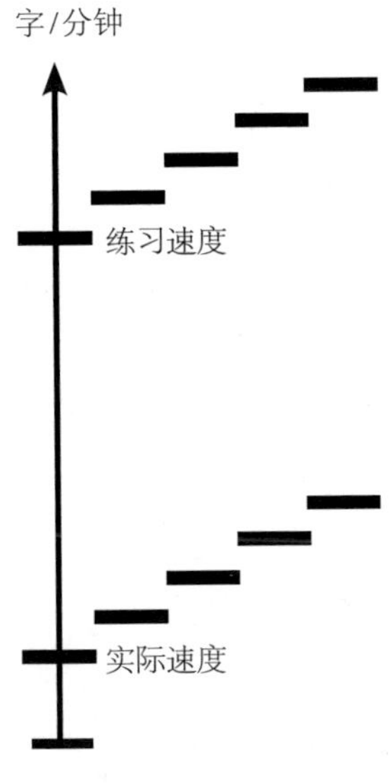

图5–7　练习速度和实际速度的比较

随着上半部分的变化，你会感受到一系列变化：由于阅读每行文字的时间被迫减少了许多，你的眼睛就不得不适应更少的跳跃次数。从另外一个角度讲，你每次定焦所读入的字数相应增多了，你的视野就变得更宽广了。随着练习次数的增多，这些能力就会不断强化，逐渐成为潜意识操作的能力。

与此同时，我们还需要缩短定焦时间，即眼睛调整焦距和看清书本上的文字所需的时间。“3–2–1练习”其实也从一个侧面锻炼了我们的思维能力。近几年，我一直都在关注人类思维的科学研究，但至今尚未找到一个专门锻炼思维能力的练习。这在很大程度上是因为思维本身就是潜意识的。在“3–2–1练习”中，我们也只能借助阅读辅助工具和阅读速度的提高达到锻炼思维能力的目标。

刚开始练习第三遍阅读的时候，你会感觉自己只看懂了极少部分的关键词。这是因为在如此高速的阅读过程中，你根本没有时间一字一句地跟着默念。所以，你会感觉自己只读懂了那些默念出来的内容。但是，这只是我们大脑的错觉而已。即使在如此快的速度下，我们的眼睛仍然能够十分轻松地读入所有信息。当然，你的大脑在这个阶段还跟不上视觉输入信息的频率，理解文章还有难度。但通过接下来的练习，这种状况一定会逐渐得到改善。

实用练习6

拓宽视野

首先，请你把视线聚焦在某一页的第一个词“如果”上面。其次，请你对焦第二个词，看看自己是否还能清楚地看到“如果”这两个字。对于大多数人来说，做到这一步不成问题。接下来，请对焦第三个词，看看自己是否仍然能够看到第一个词——如果。如果你已经看不太清楚，就说明你的视野还不够宽，眼睛还不习惯在每次定焦的时候读入较多的字词。我在这里先告诉大家，阅读高手通常都能一次读入4~5个词。在后面的章节里，我会介绍一种专门拓宽视野的练习。

不要忘记，我们的视野除了水平方向上的宽度，还有垂直方向上的高度。如果感兴趣，你也可以用同样的方法来测试一下，看看自己是否能够同时看到上下几行的内容。不过我们暂时最好还是集中精力训练水平方向的视野宽度吧。

如果你现在的实际阅读速度在250字/分钟左右，那么当你每分钟读入500字时，就难免会觉得自己简直是在“看”书，什么实际内容都没读进去。可以想象，你在这种情况下还会感到精神紧张。但我保证，这种情况很快就会有所好转。一切都只是基准问题。只要习惯了600字/分钟的练习速度，你平时阅读的实际速度也会随之提高，到了那个时候，500字/分钟就会像现在的200字/分钟一样，让你觉得时间绰绰有余，可以放松地阅读，享受其中的乐趣。快速阅读与慢速阅读的实际区别其实在于眼睛读入信息的方式，看得快了，心里默念的自然就少了，你的大脑也可以免去对听觉信息的处理，反而感觉轻松自在。或许你现在还无法想象，但在不久的将来，你会觉得600~800字/分钟这种看似天方夜谭的阅读速度再正常不过了，感觉和现在250字/分钟的阅读速度没什么太大差别。

我就有过这样的体验。实际速度刚达到800字/分钟时，我不管读什么书都喜欢掐着秒表来计时，每次看到自己的速度有所上升，都能高兴上好一阵子。过了一段时间，我发现自己的速度已经渐趋稳定，就把秒表扔在了一边。忽然之间，原来那种快速阅读的感觉全没了，好像1分钟只能读200个字。当时，我真是又失望又生气，觉得自己一直以来的努力全都打了水漂儿。于是，我重新捡起秒表，想看看自己究竟糟糕到了什么地步。结果，实际速度居然一点儿都没变，还是保持在每分钟800~900字。这时我才恍然大悟，明白一切都只是自己的心理在作怪，这也恰恰说明了快速阅读已经成了潜意识操作的能力。然后，我还刻意减慢速度，想试验一下这种回归的感受。结果，理解反倒不那么顺畅了，就好像开惯了快车的人突然遇上了堵车就难受得不行。现在看来，这种小实验也挺有意思的，不失为一种反观自己训练进度的好办法。

不过我也不是一直保持1 000字/分钟的速度一口气读完整本书的。任何书，无论是小说还是教科书，其中的内容都有一定的轻重之分。遇到重点部分，我会有意识地告诉自己："慢慢来，不要急。"然后在椅背上靠一会儿，闭上眼睛，让大脑好好处理一下刚刚读到的信息，并且充分调动自己原有的知识储备，把它们和刚读到的新知识联系在一起。根据我的经验，这种做法最有助于深刻理解和牢固记忆。不过，请大家千万不要误会我的意思。所谓"不要急"并不是让你放慢阅读本身的速度，在读入信息时刻意放慢视线和阅读辅助工具的移动速度。一个字一个字地死啃只会阻碍大脑工作，产生相反的结果。我们要分清阅读和思考这两个环节，要读书时就好好读书，遇到难点，再停下来完成思考这一额外的步骤。只有保证阅读本身的速度，我们才能节省出足够的时间来思考和进行知识的整合。

趣味测试6

文字的上半部分与下半部分，哪个信息量更多？

如果有人问你，人脑获取的信息主要来自文字的上半部分还是下半部分，你会怎么回答呢？让我们先来看看下面这两行文字哪行比较好理解吧。

The meaning of a sentence comes from its upper half.

The meaning of a sentence comes from its upper half.

怎么样，你猜对了吗？一般来说，字母的上半部分包含更多可识别的信息。在阅读的时候，我们可以把视线的焦点集中在每行文字的中间偏上的位置。这种做法不仅能够帮助你更快地摆脱逐字阅读的习惯，而且对拓宽视野也有很好的辅助效果。与之相反，习惯盯着下半部分看的人，往往都更倾向于逐字阅读。

制订个性化的训练计划

到目前为止，我们已经解释过不少高效阅读的原理，也做过不少练习了。但整个训练过程究竟应该如何进行，我们还没有找到机会认真地进行讨论。在本节中，我要给你制订一份个性化的训练计划。

在接下来的三个星期里，你要坚持每天练习使用阅读辅助工具，而且每次的练习时间不能少于30分钟。通过不断的练习，这种习惯会被强化，你的眼睛会变得更容易控制，眼球在阅读的过程中运动得更有规律。请你根据自己的作息习惯和日程安排一段固定的练习时间，这是长期坚持的关键。否则，工作或者家里的琐事总会冷不丁儿地冒出来，使今天的训练拖到明天，万一明天又有什么事，就只能一拖再拖，最终的结果往往是不了了之。根据我的经验，把训练安排在晚上也不是好主意。奔波了一天之后，谁不想赖在沙发上看看电视、喝杯啤酒呢？在这样的状态下，哪还有心思琢磨阅读练习。相比之下，午休的时间或早上起床以后的一个小时就现实多了。既不会跟工作时间冲突，也不会影响到你的家庭生活。不过，既然是你的私人计划，就应该由你自己来决定。只要你能把这项半个小时的活动切实安排到自己的日程里，每天都用这种方法来提醒和督促自己，就应该不会有太大的问题。

所谓训练计划，当然不能只有时间却没有具体的内容。到目前为止，我们只接触了“3–2–1练习”这一种具体的训练方法。千万不要嫌这种反复练习法太过枯燥，这是初期训练最好的方法。根据个人的时间安排，你可以每天重复练习两到三遍。当然，练习得越多，你的进步就越快，你的阅读能力也会越早达到潜意识操作的境界。到底每天抽出多少时间和精力来锻炼阅读能力，由你自己做主。

此外，我还要解释一下，所谓的重复“3–2–1练习”并不是让你每天用30分钟的时间重复阅读同一个段落，更不是连续3个星期都这样做。每一个“3–2–1练习”为一个单元，当你完成了当天的第一个单元之后，就可以从第一次的标记处继续往下阅读，完成第二个单元的练习。

知识普及7

突破平台期

掌握每一种新技能的过程，实际上都是逐一突破平台期的过程。还记得学钢琴的例子吧。你上完前几节课，终于可以弹出旋律了，或许还会弹奏第一首简单的儿歌，这说明你已经过了“知己不能之”的阶段，登上了第一个台阶。接下来，你迫不及待地想要尝试难度更大的曲子，可手指却偏偏不听话。究其原因，你的能力还停留在第一个台阶上，像蜗牛一样慢慢地向前挪动。总有一天，也没有什么特别的迹象，你突然开窍，把新曲子弹得流畅无比，这说明你的钢琴水平又上了一个台阶。在任何领域，我们的能力都在这种停滞不前和骤然突破的状态之间相互交替、取得进步，最终进入“不知己能之”的境界。简言之，就是量的积累带来了质的飞跃。

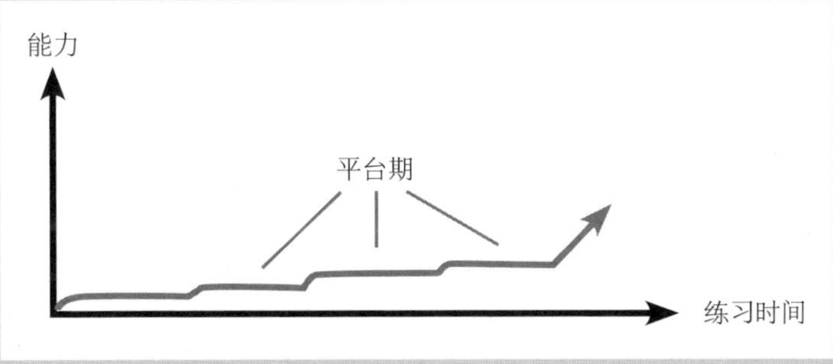

图5–8　能力–练习时间曲线

不管是学习一种新的乐器、一项新的体育运动还是新的阅读技巧，飞跃本身都不是重点。最困难却最关键的其实是在同一个水平上停滞不前的那段时间，也就是所谓的平台期。我们会灰心丧气，抱怨自己的努力没有换来应有的回报，要是平台期的持续时间太长，我们甚至会彻底失去动力而放弃。

我在这里必须特别强调一下这个痛苦的过程。尽管我们在主观上会觉得自己毫无进步，但平台期其实正是大脑建立新的神经联系的过程。我们之所以尚未感觉到切实的变化，是因为大脑还在进行下一步的隐性工作，也就是生物学上所说的“包鞘”。每当脑神经细胞之间建立了新的连接，其表面就需要生成新的髓磷脂，简言之，光有裸露的电线还不成，必须再裹上一层绝缘橡胶，才能正常使用。必须等到这个生物过程结束了，大脑才能获得一条崭新的思维路径，我们才能掌握一种新的能力。从图5–8中大家可以看到一种能力从一个平台上升至下一个平台的过程。

下次当感觉自己没有进步的时候，就想象一下自己的大脑内部正在建立神经连接、生成保护层吧！你会发现，了解事物背后的运作原理是一种非常美妙的体验，这样做仿佛给自己找到了一个合情合理的交代，进而心甘情愿地接受整个等待的过程。此外，我还希望上面的解释能够让大家坚定信心，知道自己只要不断走出原有的舒适区，持续练习，总有一天会实现质的飞跃，跳上更高的平台。或许你还会渐渐喜欢上平台期的感觉，拥有这种平和心态的人在任何领域都能够更加轻松地获得成功。

还记得第一篇测试文章后面的空白图表吗？请你每做完一次“3–2–1练习”都计算好自己的阅读速度和理解程度，把这两个数值填到进度表里。这个举动就相当于登山的人在攀登的过程中不断地标记自己所在的位置，控制自己的进度，便于及早发现问题。

实用练习7

收尾练习

经过3个星期的练习，大家现在感觉如何？接下来，请拿出自己的“练习书”，翻到还没读到的地方。然后，请你用阅读辅助的方法开始阅读，注意保证自己对文章内容的理解程度。用秒表计时1分钟，在结束时标记出自己的阅读进度。紧接着，请你再用1分钟的时间，简要复述刚才读到的内容。当然，估算理解程度这个步骤是必不可少的，请把这个数值和你的阅读速度一起填到进度表中。

说到这里，我还想顺带提一下计算文章篇幅的方法。由于我们并不需要过于精确的速度数值，所以阅读的总字数只需大致估算即可。大家可以随便找出一个较长的段落，数出其中10行的总字数，然后，用总字数除以10，就可以知道自己的“练习书”的每行平均字数了。每次完成阅读练习以后，数出自己读过的总行数，再乘以这个平均值，就可以得出阅读的总字数了。换言之，如果你算出自己的“练习书”每行平均有30个字，你在1分钟的时间里阅读了20行，那你的阅读速度就是600字/分钟。

尽管这种计算方法的误差较大，但足以满足我们的要求，体现出阅读能力的进步情况。而且，假以时日，你就能够明显地感觉到自己的变化。原本要花整整一周时间才能读完的书，现在只需一个周末即可，而且还理解得很透彻。达到了这个目的，谁还会斤斤计较自己是否多读了几个字呢？

顾名思义，收尾练习是放在最后的。请你把这个练习加到你每天30分钟的训练计划之中，及时测出自己的最新速度。

重新定位自己的阅读能力

经过上一个阶段的反复练习，相信你的阅读能力已经有了很大的进步，现在是重新确定一下自己位置的时候了。在下面的阅读过程中，请你继续使用阅读辅助工具。练习到现在，这种做法应该已经习惯成自然了吧。和上一个测试一样，你得先准备好一个计时器，并且在阅读过后回答后面的问题，最后根据参考答案判断自己的理解程度。

趣味测试7

科学饮食，维持大脑的正常运转

人脑像一个巨大的化学工厂，里面的机器24小时工作，为人体提供数量庞大、种类繁多的精神类药物。这些在体内自然生成的化合物能够直接影响我们的智力和记忆力，左右我们的情绪。而这些化学反应的基础，即所谓的原材料，就是我们每天吃的食物。

如果人体长期缺乏必要的营养物质，大脑内部的神经传导就会变得迟钝，脑细胞的新陈代谢也会随之减慢。由于原料供应不足，大脑灰质也无法得到必要的修复和再生。从微观角度来看，人脑完成的每一个思维过程实际上都是脑细胞化学反应的体现，而且，这些化学反应的规模大得让人难以想象：在每一个参与运作的脑细胞内部，平均每秒就会有约15 000个蛋白质分子被重组，生成新的物质。为了使这些化学反应顺利进行，维持人脑这一化学工厂的正常运转，我们必须保证饮食均衡，让自己的大脑吃饱吃好。

饮食结构不当导致的健康问题

要想知道不良的饮食结构可能带来多么可怕的后果，看过摩根·斯普尔洛克自导自演的纪录片《超码的我》(*Super Size Me*)，就一清二楚了。斯普尔洛克亲自上阵，在3个星期的时间里坚持一日三餐只吃麦当劳。他希望以此让现在的快餐族警醒，让现代人重新正视健康饮食的重要性。

在开始实验之前，斯普尔洛克首先进行了一系列详尽的身体检查。结果显示，这个小伙子的身体非常健康，不仅血液指标等具体数值没有任何异常，精神也处于最佳状态。

但在实验的过程中，他开始感觉情绪低落、精神抑郁，记忆力不断衰退，而且无法像往常一样集中注意力完成日常工作。除了这一系列精神层面的消极影响，持续的单调饮食也使他的身体发生了很大的变化。在3个星期时间内，他的体重增加了15公斤，开始产生嗜睡的症状，最后一次验血还发现他的肝脏出现了十分严重的问题，很可能引发一系列其他的慢性内科疾病。因此，他不得不终止这个危险的实验，在医生的指导下重新调养身体。

平心而论，我们平时的饮食习惯和这个疯狂的快餐实验又相差多少呢？在这个节奏飞快的现代社会，人们不是没时间，就是没精力，真正能好好照顾自己、坚持健康饮食的人少之又少。典型的西方饮食都是高糖、高盐、高脂肪，没有经过人工合成的天然食品远远不够。要想知道为什么发达国家的人还会普遍出现营养不良的症状，看看澳大利亚超市销量排名前十位的食品就一清二楚了。

1. 可口可乐，375毫升装
2. 可口可乐，1升装
3. 可口可乐，2升装
4. 健怡可乐，375毫升装
5. 吉百利樱桃巧克力
6. 雀巢牌炼乳
7. Tally Ho牌卷烟纸
8. 玛氏巧克力棒
9. 雀巢奇巧巧克力棒
10. 吉百利松脆巧克力棒

在美国和欧洲，市场调研得出的结论也大同小异。由此看来，越来越多的人处于亚健康状态，工作效率逐步下降就一点儿都不奇怪了。说白了，饮食习惯不健康，就相当于长期给宝马车加花生油——没有了适当的原料供给，再聪明的大脑也运转不起来。所以说，要想保持精力充沛、身心舒畅，我们必须从调整饮食结构开始，改变不良的生活习惯。

大脑内部的信息传输

人脑的信息传输自有一套完备的系统。在每一个神经元内部，信号都以电流的形式进行传递，就像我们平时通过电线输送电能一样。但是，这些电流并不会一经产生就在所有细胞之间无穷无尽地传播下去，因为每条神经都有开端和结尾，而且神经元两两之间尽管空隙极小，但也并不像插头和插座那样能够紧密接触。要想在神经元以外传递信息，就必须想办法跨越这些空隙，也就是所谓的“突触间隙”。

针对这种情况，人体在进化的过程中发展出另外一种传递神经冲动的模式，即化学传导。假设每一个神经元都是一个邮局，神经递质就是来回投递邮件的邮差。邮差从第一个神经元接过一个神经冲动，然后带着“这封信”越过突触间隙，把它交给下一个神经元。这样就解决了神经元之间的信息传导问题。从化学角度来讲，神经递质是人脑分泌的一种生物化学物质，而人体必须首先摄入足够的营养物质，才能合成这个“邮差”。迄今为止，人类已经发现的神经递质总共有60多种，其中对思维能力影响最大的是多巴胺和血清素。下面，就让我们一起来了解一下这两位功不可没的“邮差”吧。

多巴胺。多巴胺这种神经递质在控制人体运动的过程中扮演着重要的角色。此外，其工作效率也对我们的精神动力、注意力和好奇心起到了决定性的影响。一旦人体释放出多巴胺，我们马上就会产生舒服的感觉，觉得干什么事都有动力。在酒精、尼古丁和其他神经类药物的影响下，身体会释放出大量的多巴胺，那种舒服的感觉会突然增强，这就是酒瘾、烟瘾或是毒瘾的原理所在。可是，经过了一段短暂的高峰期后，这个过程就会向反方向作用，我们的意志反而会比高峰期之前更加消沉，甚至产生心理上的挫败感。

血清素。血清素这种神经递质能够左右我们的情绪、精力、记忆力，甚至整个人的生活态度。如果体内的血清素水平过低，人就会感到失落和抑郁，容易酗酒，产生自杀倾向；某些时候还会产生过激行为，表现得具有攻击性和暴力倾向。所谓的抗抑郁药物就是通过提高血液中的血清素水平来发挥作用的。一般来说，女性的血清素分泌量只有男性的一半，或许这就是女人容易心情不好，甚至患抑郁症的原因之一。此外，随着年龄的增长，血清素的循环也会变得越来越缓慢，这就解释了为什么老年人更容易受到抑郁症的干扰。然而，血清素的另一个作用就是增强记忆力，保护大脑细胞免受兴奋性中毒的影响而过早死亡。换言之，较高的血清素水平能够帮助我们减少衰老所带来的脑部损伤。

以上这两种神经递质都负责神经元之间的信息传递。如果体内的多巴胺和血清素水平降低，就会使信息传输受阻，神经兴奋的传递会减慢，我们自然也会觉得自己“脑子不好使”。

科学饮食提高大脑的工作效率

各个领域的科学研究都已经证明，科学的饮食习惯不仅可以延缓脑部衰老，还可以起到提高思维能力的作用，极大地提升大脑的工作效率。能够起到这种效果的食物被统称为“健脑食品”，它们的营养成分能够直接或间接地刺激神经递质的分泌，从而促进脑神经细胞之间的信息传递。

在绝大多数情况下，神经递质分泌不足都是饮食结构不当使大脑营养摄入不足导致的。具体而言，就是体内缺乏氨基酸和脂肪酸这类生成其他物质所需的前体分子，而且维生素和矿物质浓度过低，身体没有足够的原料生成其他化学物质。

维生素和矿物质。根据功效，维生素和矿物质大致可分为两类：第一类主要负责维持神经递质和脂肪酸之间的高效协作；第二类则能够保护大脑免受自由基的伤害。自由基是攻击和损伤脑神经细胞的所有分子的总称。在各种维生素之中，最能提高大脑工作效率和思维能力的是维生素C，它能够促进多巴胺这种神经递质的合成。此外还有维生素E，负责保证脑细胞和神经细胞的供氧，起到润滑灰质细胞的作用；维生素B族中最重要的是维生素B_1、B_6、B_{12}和叶酸，缺乏维生素B会导致记忆力衰退和精神紊乱。能够促进大脑功能的矿物质则主要包括铁、锌、钾、镁和铬。

脂肪酸。如果想拥有充沛的精力和最佳的工作状态，就必须摄入足够的脂肪酸，因为人脑的主要组成部分就是各种各样的脂肪酸分子，包裹在上千亿个神经元表面的那层神经膜其实也是由脂肪酸构成的。由此可见，充分合理地摄入脂肪酸绝对是维持神经膜结构稳定、功能正常的必要前提之一。针对日常的饮食，专家建议大家多吃一些三文鱼、鲭鱼、鲱鱼、沙丁鱼和金枪鱼这类冷水鱼，从而保证Omega-3脂肪酸的摄入。因为，绝大多数人都或多或少地缺乏这种脂肪酸。

氨基酸。毫不夸张地说，氨基酸是人类的生命基础。人体所需的氨基酸有20多种，其中一部分叫作“非必需氨基酸”，人体可以自行合成；而另外一部分是“必需氨基酸”，只能通过摄入足够的食物蛋白得到供给。因此，我们在日常饮食中一定要注意多吃一些富含苯丙氨酸、色氨酸和酪氨酸的食物，例如各种各样的水果和蔬菜，适量的奶制品、蛋类、肉类或鱼类等。因为这几种氨基酸都是合成多巴胺和血清素所必需的前体物质，如果供给不足，自然会对思维能力造成一系列的不良影响。

为了确保这篇测试文章的行文流畅，我在这里就不一一列举每种营养物质所对应的食物种类了。如果你对这个话题感兴趣，只要上网搜索一下，就可以找到不计其数的相关网页。

最后，祝你的大脑胃口常开！

你的阅读时间：

________分钟________秒 = ________秒

接下来，请你回忆一下刚才读过的内容，写出下列问题的答案要点：

1. 在思维过程中，每一个参与运作的脑细胞内部，平均每秒有多少个蛋白质分子被重组，生成新的物质？

2. 文中提到的纪录片叫什么名字？

3. 持续的单调饮食对纪录片里的主人公造成了怎样的影响？

4. 澳大利亚超市销量排名前十位的食品分别是什么？

5. 人脑的信息传递有哪两种途径？

6. 文中提到了哪两种神经递质？

7. 什么叫作“健脑食品”？

8. 哪些营养物质和前体物质能够促进神经递质的合成？

9. 文中提到了哪些维生素和矿物质？

10. 大多数人都缺乏哪种脂肪酸？

又到了测试理解程度的时间了。请参考以下答案，计算出自己的最终得分。答对所有要点按100%算，部分正确按50%算，完全答不出来自然就是0。

参考答案：

1. 在思维过程中，每一个参与运作的脑细胞内部，平均每秒有多少个蛋白质分子被重组，生成新的物质？

• 大约15 000个。

2. 文中提到的纪录片叫什么名字？

• 《超码的我》。

3. 持续的单调饮食对纪录片里的主人公造成了怎样的影响？

• 情绪低落、精神抑郁；

• 记忆力衰退，无法集中注意力和正常工作；

• 体重增加了15公斤；

• 嗜睡；

• 肝脏出现了严重的问题。

4. 澳大利亚超市销量排名前十位的食品分别是什么？

• 3种不同容量的可口可乐；

• 健怡可乐；

• 巧克力；

• 炼乳；

• 卷烟纸；

• 3种不同品牌的巧克力棒。

5. 人脑的信息传递有哪两种途径?

• 一部分神经冲动在神经元内部以电流的形式进行传递;

• 另一部分则是神经元之间的化学传递:神经递质从上一个神经元接过神经冲动,然后带着它越过突触间隙,交给下一个神经元。

6. 文中提到了哪两种神经递质?

• 多巴胺和血清素。

7. 什么叫作“健脑食品”?

• 健脑食品就是能够刺激神经递质的合成、促进脑神经之间信息传导的食物。

8. 哪些营养物质和前体物质能够促进神经递质的合成?

• 维生素;

• 矿物质;

• 脂肪酸;

• 氨基酸。

9. 文中提到了哪些维生素和矿物质?

维生素:

• 维生素C;

• 维生素E;

• 维生素B族(B_1、B_6、B_{12}、叶酸)。

矿物质:

• 铁;

• 锌;

• 钾;

• 镁;

• 铬。

10. 大多数人都缺乏哪种脂肪酸?

• Omega-3脂肪酸。

你的理解程度:________%

你的阅读速度：

________字 ×60÷ ________秒＝ __________字/分钟

请把结果填到自己的进度表中。万一你发现自己的新进度没有想象中那么理想，甚至完全没有进步，也千万不要灰心。后面还有很多的练习等着你呢！

升级你的训练计划

连续3个星期的重复练习，难免有点儿厌倦了吧？现在，就让我们一起来升级你的私人计划吧。这个新的练习叫作“2–2–2练习”，在这个练习中，你不仅要在反复阅读时加快速度，还要试着用更短的时间来阅读新的段落。但是，千万不要喜新厌旧，最好在每天的训练时间里交替进行“3–2–1练习”和“2–2–2练习”。

实用练习8

2–2–2练习

第一遍阅读

请翻开你的“练习书”，找出一个你还没看过的段落，用阅读辅助的方法读2分钟。在注意阅读速度的同时，还必须保证理解程度。2分钟过后，标记出结束的位置，并且循例完成复述这一步骤。

第二遍阅读

请回到第一遍阅读的开头。做好准备，这次我们要试着在2分钟的时间里阅读2倍于刚才篇幅的内容。假如你第一次看了一页半，这一次就要从同一个地方开始，读完3页，而且必须保证理解程度，不能囫囵吞枣。在开始阅读之前，建议大家先数出所需的页数，在结尾处做好标记，这样做可以帮助你在阅读的时候更好地控制进度。如果没能完成任务，就请不断重复这一步骤，直到在2分钟的时间里顺利读完规定的页数。每遍阅读过后，都请回想一下自己在原来的基础上记住了哪些新的信息。

第三遍阅读

现在，同样请你回到第一遍阅读的起始位置。没错，这次的目标是3倍于第一遍的篇幅！也就是在第二遍阅读3页的基础上再加上1.5页。时间限制同样是2分钟。请重复练习，直到完成。怎么样？现在你能回忆起多少内容？换算成理解程度，大概是百分之几呢？

在“3–2–1练习”里，不变的是内容长度，但在“2–2–2练习”里，我们就要试着在同样的时间内逐步加大阅读量。

“3–2–1练习”和“2–2–2练习”的原理是这样的：训练初期，我们必须有规律地缩短时间或增大阅读量，从而强迫自己一步步走出原有的舒适区。如果你已经能很轻松地完成以上两个练习，就可以挑战更高的难度了。为了替代我在培训班上使用的节拍器练习，我特意设计了下面这个“1 000单词/分钟练习”。顾名思义，这个练习就是要让大家尝试1 000单词/分钟的超快速阅读。可惜德语或英语的阅读速度“单词/分钟”与中文的“字/分钟”没有一一对应的关系，所以这个练习并不适用于中文阅读。如果大家有兴趣，可以另找一本外语书进行练习，否则就请直接跳过。

实用练习9

1 000个单词/分钟练习

在这个练习里，我们要用1 000个单词/分钟的速度连续阅读5分钟。根据在培训班的经验，这是最理想的练习速度，学员们在这个速度下进步最快效果也最明显。

首先，请你从“练习书”里找出5 000个单词左右的篇幅，按照我们之前讲过的方法，计算出每行的平均单词数。然后，只需在这个基础上数出每页的行数，两者相乘即可得出每页的平均单词数。假设你的这本“练习书”平均每页有250个单词，5 000除以250等于20，也就是说，你需要阅读的篇幅是20页。请你在这20页的最后做好标记。为了方便大家计算，我在下面列出了一个每页平均单词数和所需阅读页数的对照表。既然阅读速度只是一个大概的数值，那么这里的5 000个单词也完全没有必要绝对精确。

与之前的两个练习一样，如果你不能在5分钟的时间里读完这5 000个单词，就请反复尝试。而且，在练习的过程中，最重要的就是要加快阅读辅助工具的移动速度。就算你现在觉得这简直是个不可能完成的任务，也千万不要灰心丧气。俗话说得好，会者不难。如果你现在回想一下自己学车的经历，大概也会觉得自己当初笨手笨脚、相当可笑，对不对？只要坚持练习，肯定会变得娴熟。在培训班上，我们有时会用1 500个单词/分钟的速度来进行训练，我自己连2 000个单词/分钟的练习都能顺利完成。

如果你没有跳过这个练习，就请把它纳入自己的训练计划。为了增加一点儿新鲜感，你可以周一做“3–2–1练习”，周二做“2–2–2练习”，周三做“1 000个单词/分钟练习”。只要保证同一个练习之间的时间间隔不超过三四天，方法就不会生疏，练习效果也不会受到影响。在接下来的章节里，我们还会学到一些新的练习方法，请用同样的方式处理，合理地把所有练习安排到自己的训练计划当中。如果你觉得某一个练习效果尤其明显，或是难度明显比其他的练习要大，那也可以依据自己的特殊情况，有重点地调整每天的训练内容。

表5–1　5 000个单词的每页单词数与页数对照表

每页的单词数	总页数	每页的单词数	总页数
100	50	310	16
110	45	320	16
120	42	330	15
130	39	340	15
140	36	350	14
150	33	360	14
160	31	370	14
170	29	380	13
180	27	390	13
190	26	400	13
200	25	410	12
210	24	420	12
220	23	430	12
230	22	440	11
240	21	450	11
250	20	460	11
260	19	470	11
270	18	480	10
280	18	490	10
290	17	500	10
300	17	510	10

分清阅读练习与平时阅读

在这一节的最后，我还想特别提醒一下大家。在跟着本书进行阅读练习的同时，我们肯定还会阅读其他的书籍和文章。这时候问题就来了！要是我们不管拿起什么书，都一门心思惦记着自己的阅读速度是否够快，眼球运动是否合适，那就很难集中注意力去理解书中的内容。长此以往，不仅正常的学习和工作效果会大打折扣，心理压力也会越来越大。在这几个月的阅读练习过程中，请大家一定要划清阅读练习和平时阅读之间的界限。该练习的时候就根据每个练习的重点调整自己的阅读方法，一旦放下“练习书”，结束了每天30分钟的训练，就把所有的规矩都抛到脑后，按照自己的阅读习惯来完成正常的阅读。这就好比登山和走路：登山的时候，我们必须根据自身的特点选择不同的前进速度和攀登手法；一旦下了山，就要正常走路，免得在大街上手脚并用，吓着无辜的路人。

通过那张进度表，你可以一直记录并且观察自己的阅读效果，阅读速度和理解程度的变化情况一目了然。我相信，随着练习的不断增多，你的图表上肯定会出现一个又一个台阶，整条进度线会类似我们之前讨论过的平台期示意图。只要大家时刻记住这一点，把阅读练习和平时阅读有意识地区分开来，整体的阅读进度就绝对不会出现太大的问题。

第二节　拓宽视野练习

相信大家对“视野”这个词已经不再陌生了。在这一节里，我们要集中探讨一下这个十分关键的因素，并且通过一系列有针对性的练习拓宽你的视野。视野，即视力向周边所及的范围或视线范围，是眼睛在注视一点的同时所能看到的周边范围。下面让我们进一步了解一下相关的知识。

知识普及8

男人的方向感比女人要好?

很多人都不知道，女人的视野要比男人的视野宽得多。原因其实非常简单，科学家也早已证实过。在几百万年前的远古时代，男女分工十分明确。女人整天待在家里，负责保护居住在山洞里的族群免受野兽的侵袭。她们必须时刻留意洞穴入口及外围区域的各种动静，视线范围因此得到了很大的拓展。在采集野果和照看孩子时，较强的视野拓宽能力也是不可忽视的优势之一。人类进化至今，这种能力依然深藏在每个女人的基因里。

与之相反，男人总是外出狩猎。他们必须把视线聚焦在距离较远、范围较小的区域内才能找到猎物，还要一直紧紧地盯着目标。长此以往，男人的视野就一直处于紧张的远距离聚焦状态。不难想象，如果一个猎人老是因为路边草丛里的野果分心，那全家人迟早会饿死。从这个角度来看，宽广的视野反而变成了男人身上致命的缺点。我们一般不都说男人的方向感要比女人好吗？这种性别差异其实同样源自远古时代的男女分工。因为男人要经常跟着猎物跑到很远的地方，他们就必须凭着自己的记忆和方向感找到回家的路。当然，误打误撞跑到别人洞穴里的情况，应该也不少见。总而言之，经过长时间的进化，男性的视野变得狭小而幽远，所以现代的男性也比较擅长寻找距离较远的物体，而对摆在手边的东西却总是视而不见。从科学的角度来解释，男女视线范围有别的事实就变得非常简单了。

德国有一种融合了滑稽、歌舞和话剧等艺术元素的小品剧叫“卡巴莱”，这种节目经常把男女之间的视野区别拿来大做文章。说得夸张一点，这种“睁眼瞎”的故事甚至是卡巴莱剧目最重要的题材与灵感来源之一。例如，一个女人站在漆黑的街上，突然发现50米开外的垃圾桶旁边有一只脏袜子，或是冲着马路对面的朋友大喊：“嘿！你大衣上沾了根头发！”可坐到方向盘前，哪怕前面那辆车的刹车灯就在眼皮底下闪来闪去，女司机还是熟视无睹，“咣当”一声撞个正着。类似的情景数不胜数，可不管包袱怎么老土，总能把观众逗得开怀大笑。当然，男人偷看美女被老婆罚跪搓衣板也是常有的笑点。可是，女人难道就真的那么憨厚，从来不看看帅哥养养眼吗？才不呢！她们只是沾了祖宗的光，靠余光就能大饱眼福。只有男人才不得不直勾勾地盯着美女看，结果被老婆逮个正着。

在之前的练习中，我们已经或多或少地涉及了拓宽视野的问题。我们从加快阅读速度开始，强迫自己的视线在阅读一行文字的时候少跳动几次，实际上就是在无形中把自己的视野从原本的一个单词扩大到了两三个单词的宽度。只要你一直都在认真练习，那你的大脑就已经开始生成新的神经树突联系了。等到整个生物过程结束以后，你就可以用这种方式来处理整个词组的信息，跳过逐词整合而直接形成理解了。虽然这种旁敲侧击的训练方法对拓展视野有一定的帮助，但为了达到更好的效果，我们还得补充一些有针对性的练习，专门从拓宽视野出发，提高阅读速度。

实用练习10

字母树练习

开始练习之前，我们首先需要准备一张跟“练习书”差不多尺寸的厚卡纸。要是家里没有的话，稍微硬一点儿厚一点儿的白纸也可以。用准备好的卡纸完全盖住下面的“字母树”，然后快速向下挪动一行，紧接着再马上遮回去。如此反复几次，来回挪动卡纸的动作越快越好。露出第一行字母的时候，请把眼睛聚焦在中间的数字上。由于字母露出的时间非常短，你根本不会有时间转移视线去偷看旁边的字母。第一行闪过几次以后，请你闭上眼睛，在脑海里回放一下几秒钟前看到的画面，试着回忆左侧和右侧的字母。这个练习除了可以拓宽你的视野范围，还可以顺便锻炼你的视觉感官。弱化听觉感官，转而依靠视觉渠道获取文字信息，显然是视觉阅读的关键。如果你觉得这个练习难度很大，每次闭上双眼都只看到漆黑一片，连中间的数字都看不到，就说明你的大脑获取信息的方式始终还是以听觉为主。这样的话，我建议你把“字母树练习”列为每天必做的练习，重点强化自己的视觉。随着练习次数的增多，你眼前的图像会变得越来越清晰，整个回放的过程也不会像一开始那样困难了。后面我们将继续探讨这个话题，介绍这一练习培养记忆力和注意力的效果。在刚开始练习的时候，你或许会不自觉地把自己瞥到的字母默念出来，因为你的大脑始终存在这种条件反射。但是，千万不要满足于回忆起两侧的字母，这个练习的重点在于培养你回放影像的能力，必须在脑海里清晰地看到整个画面才算达到了要求。

这是一个长期的练习，请大家不要着急，慢慢来。等到自己能够用视觉回放的方式回忆起第一行的所有字母，再开始练习第二行。具体的练习方法和前面的一样，以此类推，直到你可以顺利练完整棵“字母树”。接下来，还有第二棵“字母树”等着你来挑战。你会发现，每行虽然只多出了两个字母，但难度却增大了许多。不过，还是那句老话：熟能生巧。请尽可能多抽出些时间来反复练习。几周以后，你还可以给自己加大难度，在每次回放时试着回忆一下上下两行的内容。这样就可以从垂直方向上进一步拓宽自己的视野。

B	1	F
K	2	X
V	3	T
U	4	O
W	5	Y
R	6	Z
S	7	T
A	8	G
L	9	P
D	10	F
Z	11	T
R	12	U
L	13	W
M	14	S
N	15	O
H	16	P
T	17	H
T	18	R
F	19	G
L	20	D
P	21	R
X	22	A
A	23	Q
C	24	Z
B	25	K

图5–9 “字母树”1

RJ	1	ZR
SD	2	TA
AR	3	CS
LM	4	PD
DP	5	FF
ZX	6	TC
RS	7	UH
LC	8	WJ
MP	9	IK
NS	10	OL
HQ	11	PV
TC	12	HB
TJ	13	RN
FH	14	GM
LY	15	DS
PX	16	RD
XB	17	AF
AN	18	QQ
CD	19	ZW
BF	20	KE
MHQ	21	PVJ
UTC	22	GHB
KTJ	23	RCN
FKH	24	GEM
LJY	25	DSF

图5–10 “字母树”2

细心的你或许已经注意到，我在这个练习中特意避开了单词，而使用毫无意义的随机字母。这是为什么呢？我在前面已经提到，这个练习是需要反复进行的。不难想象，如果用单词来练习，不出两三遍，你就能把所有的单词都背得滚瓜烂熟，自然就起不到任何扩大视线范围的作用了。当然，如果你想尝试一下单词练习的效果，也可以随便找一张报纸来当“字母树”，用同样的方法进行练习。

实用练习 11

读报练习

要想用报纸上的文章来代替“字母树”并达到理想的练习效果，关键就在于排版。下面，我给大家推荐几份德国市面上能找到的比较适合进行阅读训练的报纸。懂得了背后的筛选原则，其他读者当然也可以根据自己的具体情况选择类似的当地报纸来做练习。

最适合初期练习的莫过于《图片报》(*BILD*)。在这份日报里，你可以找到大量的“豆腐块”，每行三四个单词的长度刚好符合练习的要求。具体的练习方法和“字母树练习”大致相同：先快速地来回移动卡纸，试着在不移动焦点的前提下读入整行内容，然后闭上眼睛，在脑海里回放画面。以此类推，一行接一行地反复练习。用报纸代替“字母树”的好处首先在于其趣味性，具体的文章内容显然比单个字母更能激发练习的兴趣，而且每天的新鲜资讯绝对能给我们提供无穷无尽的练习材料。而且，这一练习对提高你日后的读报效率也大有帮助。练习一段时间以后，你就可以试着用这种“一目一行”的方法来阅读所有报纸的豆腐块文章。由于你的视野已经足够覆盖整行内容，所以只需把指尖从一行的中心移到下一行的中心即可，不用再进行任何横向移动。

如果你已经掌握了这种阅读方式，就可以开始找一些每行有四五个单词的文章来增加练习的难度。大多数日报都有类似的版面，我推荐当地的晚报和时报。

读报练习的终极版就是每行有五六个单词的文章，你的目标则是进一步拓宽自己的视野，一眼看完整行内容，最终不用阅读辅助工具也可以控制眼睛在垂直方向上移动。当然，这一切的前提都是不影响理解。如果你偏好读报，那么在全国范围内发行的报纸都是不错的选择。在一些周刊和杂志里，我们也可以找到这样排版的文章。通过练习，你也可以用“一目一行”的方法阅读这类篇幅较长、内容较复杂的新闻报道。可想而知，这将给你节约多少时间啊！

第三节　逐步摆脱对阅读辅助工具的依赖

现在，让我们一起来回顾一下当初制定的目标：像阅读高手那样只需看几眼就能读完整行文字，掌握快速阅读的技巧。为了实现这个目标，我们首先使用了阅读辅助工具，希望利用笔尖或手指这样的辅助工具来指挥我们的眼睛，这就好比登山时用到的手杖。但是，真正的高手往往都不需要阅读辅助工具，他们已经学会如何控制自己的眼球运用，以及如何科学地运用自己的视觉能力。

有过登山经验的人都知道，越是接近顶峰，山路就越陡峭，让人不得不手脚并用。这时，原本的好帮手登山杖反而成了累赘。倒不如干脆把它收起来，直接攀爬。现在，我们的阅读训练也已经进展到了这个阶段。大家都有了亲身体验，学会了利用阅读辅助工具帮助自己集中注意力，有针对性地控制阅读速度。每当遇到新的练习难点时，这种效果还会更加明显。没错，这恰恰就是我们在训练初期反复强调使用阅读辅助工具的原因。

但随着进度的推进，我们总有一天要学会“徒手”阅读。现在正是让大家开始逐渐掌握这种更高级的阅读方式的时候了。下面我要介绍一个新练习，它能够帮助我们在不影响阅读速度和理解程度的前提下，逐步摆脱对阅读辅助工具的依赖，用“裸眼”定焦两三次就能看完整行文字。从今天开始，请你在原有的几个练习中继续使用阅读辅助工具，同时把下面这个练习加到训练计划当中。当然，在阅读报纸上的“豆腐块”文章时，每行原本就没几个单词，定焦一次就够了。

实用练习12

符号练习

这是我们迄今为止学到的第一个不需要使用阅读辅助工具的练习，所以我特意排除了具体的字母或者单词，而选用了最简单的符号，好让大家有个适应的过程。使用符号还有一个好处，那就是让我们免受内容的干扰，把全部注意力集中在眼球的运动上面。在第一部分，你将练习每行2次定焦的方法，黑色的横杠就是定焦的位置。话虽如此，你也不能完全忽略旁边的小圆点，还是要有意识地把视野放宽一些。这一部分的练习至少需要重复10次，在这个过程中，请你不断地加快眼球运动的速度。在大家开始练习之前，我还要再次强调，一定要把手指或者笔尖从书页上拿开，否则这个练习就没有意义了。

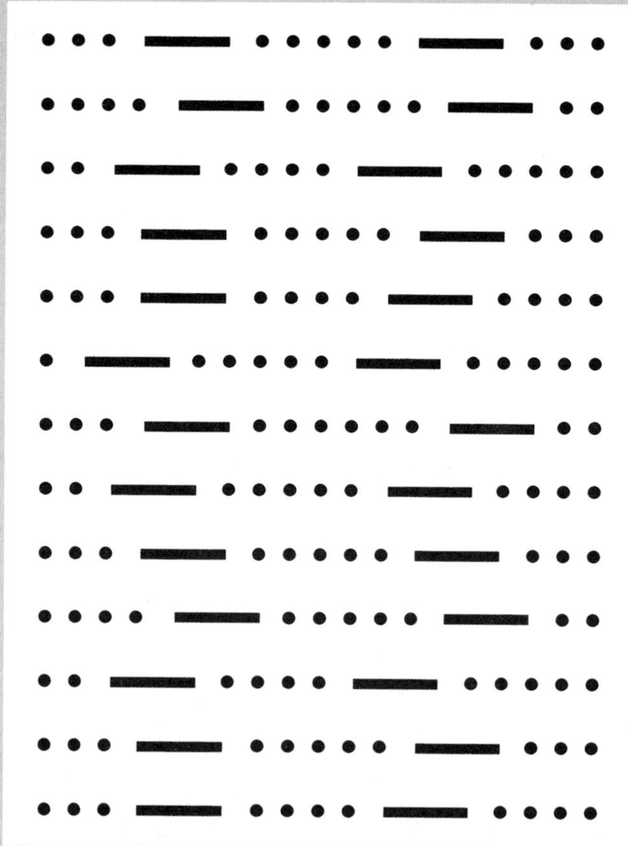

图5–11　眼球移动训练图1

接下来，让我们一起开始第二部分的练习。或许你已经发现，这次的行宽比第一部分略宽，所以每行所需的定焦次数也就从刚才的2

次增加到3次。请你在练习的过程中同样把视线定焦在横杠上，而且不断加速，尽可能多地练习。

图5-12 眼球移动训练图2

书本的排版方式各有不同，我们阅读一行文字所需的定焦次数也不是一成不变的。一般来说，上面这个练习的第一部分就相当于每行8个单词左右的文章，大概需要2次定焦；一旦每行的行宽超过9个单词，我们就至少需要定焦3次才能读完。文章难度不同，阅读的目的不同，阅读能力不同，定焦次数也会不同。就算是同一篇文章，我们往往也会不自觉地偶尔调整眼球运动的频率。调整归调整，但有个底线，即眼睛每次必须读入2个以上的单词，否则就变成我们最初提到的逐词阅读了。等到你完全习惯了这种眼球运动的方式，自然会根据不同的书本选择合适的定焦次数。而且，这个选择的过程往往是潜意识做出的，你只要拿起一本书读了前几行，自然会在潜意识里找到一定的节奏，开始流畅地向下阅读。不过现在我们还需要有意识地控制自己的眼球运动和定焦次数。下面的这个练习是"符号练习"的升级版，大家可以逐渐尝试把刚才学到的方法运用到真正的文章阅读当中。

实用练习13

文本练习

现在，请再次拿出你的"练习书"。这本书每行大约有多少个单词？需要定焦2次还是3次？回答了这两个问题以后，就请用刚才"符号练习"的方法阅读这本书。可以想象，刚开始的时候你肯定会觉得难度很大。就算勉强能够强迫自己的眼球按照一定的节奏运动，也难免会觉得有点儿别扭。而且，理解文章变得更难了，甚至你会觉得自己什么都没看进去。不要紧，这种情况慢慢就会有所改善的。现在，你只需要集中注意力控制自己的眼球运动，在没有阅读辅助的情况下尽量保持阅读节奏。

如果实在觉得困难，进行不下去，就请暂时回到“符号练习”，根据“练习书”的排版方式选择做第一部分或第二部分的练习。反复几次以后，不要走开去做其他事情，以防打乱自己的节奏，赶紧拿起“练习书”，把同样的节奏运用到文本练习上。练习的时间长短可以根据你自己的感受而定，但最短不能少于5分钟。根据我的经验，符号练习和文本练习相结合往往能够加快适应的过程。如果“练习书”里的文章篇幅都比较长，你也可以在每次文本练习之前都稍微回顾一下“符号练习”，这对长时间保持阅读节奏有帮助。如果随着练习次数的增加，你发现这种少次定焦的能力已经成了潜意识的习惯，就可以把这两个练习从每天的训练计划中删除了。但在此之前，我相信这组练习还是会给你带来不少收获的。

除了符号练习以外，我还设计了另外一个练习，帮助大家适应这种新的阅读方式。这个练习一方面可以起到辅助文本练习的作用，另一方面还能逐步减少对默念的依赖。

实用练习14

1–2–3练习

其实，我们到目前为止做过的所有练习都能在一定程度上帮助大家强化视觉能力，改掉默念的坏习惯。在这个过程中，你可能完全没有意识到自己的大脑接收文字信息的方式正在发生变化。这绝对是件好事！因为默念已经是长期的习惯了，刻意改变反而会适得其反：一来我们会一心只想着“不要跟着念”，导致注意力不能完全集中在阅读上，影响对文章内容的理解；二来我们的大脑也会做出本能的反抗，阻碍整个改变的过程。只有旁敲侧击，才能让自己在更短的时间里改掉默念的习惯。顺带提一句，“1–2–3 练习”对我个人尤为有效。当初我就是借助这个练习，在很短的时间内关上了脑子里的那张“小嘴巴”。

这个练习其实完全没有技巧可言，你只需要在完成文本练习的同时随着每次视线的跳动不停默念“1、2、3”就可以了。练习的时间和文本练习的时间原则上是一样的——每次至少5分钟，练习的次数越多越好。如果你在文本练习的时候每行需要定焦3次，就在心里默念“1、2、3，1、2、3，1、2、3……”。如果定焦2次，那就是“1、2，1、2，1、2……”。这个练习的原理很简单：人在同一时间里只能发出一个声音，只要我们用数字占据了听觉空间，自然就没有机会默念了。而且，这种看似单调的数数相当于在心里给自己打拍子，有助于保持眼球运动的节奏。在刚开始尝试这种练习的时候，你很可能会觉得理解受到了干扰，这是很正常的。而且，这个练习的重点在于视觉与听觉的协调，理解方面顺其自然就可以了。随着练习次数的增多，你会越来越习惯通过视觉渠道获取信息，到了那个时候，理解程度自然而然就会提高。从本质上讲，这个逐步关闭听觉渠道转而依靠视觉渠道的过程，其实就是一个养成新的阅读习惯的过程。关键在于积累。

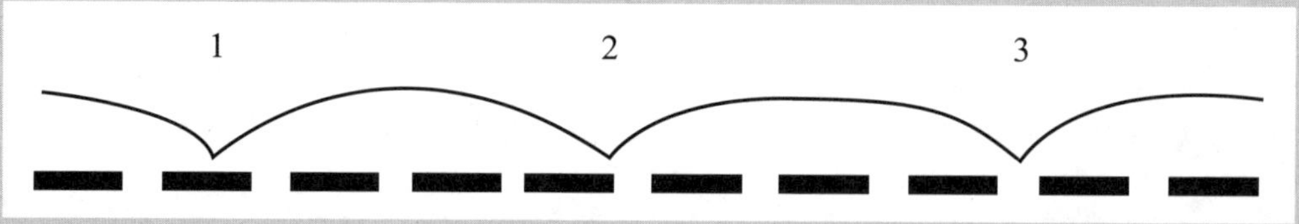

图5–13 1–2–3练习

我们之前就讲过，要明确区分平时阅读和阅读练习。开始“1–2–3 练习”以后，这种意识就变得尤其重要，因为你在阅读其他书籍时肯定还是免不了要一字一句地跟着默念。你完全没有必要也绝不应该刻意压制这一本能，否则只会适得其反，不仅影响了理解，还会在无形中强化默念的习惯。只要你坚持跟着本书的进度完成每天的训练任务，用科学的方法养成新的阅读习惯，假以时日，你平时的阅读方式自然而然会发生变化。

为了让大家在每天的阅读训练中有点儿新鲜感，我还准备了另外一个专门训练眼球运动的练习。你可以根据自己的喜好，把它和书中的其他练习相结合，更新自己的训练计划。

实用练习15

语义单元练习

这个练习也是不需要使用阅读辅助工具的。请你在“徒手”阅读的过程中，有意识地按照已经划分好的语义单元来引导眼球的运动，每次定焦读入一个语义单元。此外，你还需要准备一个计时用的秒表。准备好了，就马上开始吧！

对于绝大多数人来说，　　逐词阅读都是　　几十年的老习惯了。
从几岁开始，　　我们就一直　　在强化这种阅读习惯。
最初是字母，　　然后是音节，　　直到我们学会
每次读入一整个单词。　　小学和中学的时候，　　问题还不大，
因为　　那时的阅读量　　还很小。　　一进入大学，
麻烦就来了。　　工作了以后　　更是如此。　　而且，
阅读速度越慢，　　我们就越无法理解　　文章的内容。

遇到这种问题，　　多数人的第一反应　　就是放慢速度，甚至还试着　　把较长的单词　　拆分开来阅读。谁知道，　这种做法　　不仅对阅读毫无帮助，　　还会引发恶性循环。逐词阅读　　不仅极大地限制了　　我们的阅读速度，还会影响我们对文章内容的理解。　想象一下，　　你现在只看到了第一个词："一个"。　这时，　　你的大脑，　　尤其是右脑，是完全无法理解　　它的意思的。　当你看到第二个词"小"的时候，你的大脑　　必须把　　两个词整合到一起，并且把整合的结果暂时储存　　在短时记忆区。　在这个过程中，　　我们的大脑里正在进行着　　上百万种不同的化学反应。　　换言之，我们把大部分的时间和精力　　都浪费在了　　毫无意义的运算工作上面。因为，像"一个小"这样的信息　　是无法让右脑　　形成任何图像的。没有图像，　　自然就很难形成理解。　好了，　　下面你看到了第三个字："青"。　怎么样？　　还是一头雾水吧？　大脑仍然不明白这到底是什么意思。　你又得把这个新词　　和原有的两个词　整合起来，组成一条信息。　　又是一次　　徒劳无功的计算过程。终于，　你看到了　　一个重点词"苹果"。　　你的大脑总算可以生成一幅图像了：　　"一个小青苹果"。　换言之，　　如果你用这种逐字阅读的方式　　来阅读一个　　总共有10个单词的句子，你的大脑就得依次进行　　9次整合运算，　　才能得出最后的结果。但真正会读书的人　　是绝对不会　　逐字逐词地　阅读整篇文章的。他们会　　在很短的时间里　　找出几个意思相关的词语，组成一个语义单元，　　然后眼睛定焦一次　　就读入一个单元。这样一来，　他们就可以　一次读入4~5个单词。　一个有10个单词的句子他们只需定焦两三次　　就可以顺利读完了。　相应地，　他们的大脑也只需运算1~2次　　就可以理解整个句子的意思。　　没有了多余的定焦，没有了毫无意义的反复整合，　　不仅省下了大量时间，　　阅读本身也会变得更加轻松、　　更有乐趣。

感觉怎么样？这种排版方式是不是能对眼球的运动起到一定的引导作用呢？下面，请你把这次阅读所需的时间填到下面的空白表格里。紧接着，从头开始再阅读一遍。由于文章的内容已不再陌生，所以你可以有意识地让眼球运动得快一些，同样记下这遍阅读所需的时间。最后，你还需要阅读第三遍，进一步加快速度。

请你每隔几天就重复练习一遍，不断挑战自己的速度纪录。一段时间以后，你或许会进入平台期，但千万不要就此停止。只要坚持练习，你会发现自己的潜力其实还有很大的发掘空间。

日期	时间

图5–14　阅读速度记录模板

第四节　试试“一目几行”阅读法

经过一段时间的努力训练，我们已经走过了大部分较为平缓的山路，陡峭的山峰就在眼前，等着我们去挑战它、征服它。在最后这段登顶的旅途中，秘诀就是“一目几行”，即跨行阅读。还记得我们之前提到过的阅读高手中的高手吗？他们阅读时可以毫不费力地达到1 500单词/分钟的惊人速度，还一点儿都不影响理解程度。最新的速读世界纪录保持者甚至可以每分钟阅读3 800个单词！当然，到了这个阶段，训练的重点就该转向理解和记忆了。否则，不就成了飞速浏览，以致偏离阅读的真正意义了吗？

在当前这个平台期训练理解和记忆，并不是一件容易的事。我曾经花很长时间收集了大量资料，结果发现，市面上大多数阅读培训班和书籍都大力推荐“S曲线”这类技巧，于是我就亲自试验了一段时间。可惜，这类方法的可操作性实在是让人失望。它们的问题都大同小异：这些培训班的导师和畅销书作者本身都是阅读高手，但他们都只是从自己的现有水平出发来考虑问题，而忽略了基础训练的重要性。一个没有速读基础的人就算抱着这种材料埋头苦练几个月，也不可能取得明显的进步。

正如我们在前面的章节里提到的那样，人的阅读视野不仅在水平方向上有宽窄之分，在垂直方向上也有很大的差别。在图5–15中，我们可以大概看出阅读高手的视线范围。没错，他们的眼睛就像一盏照在书本上的聚光灯。

可想而知，这种技巧绝不是一两天就能学会的。如果让一个仍然处于逐词阅读阶段的人一下子开始按照S型曲线来移动自己的视线，那他充其量只能读到几个零星的关键词。不难想象，一个人连同时捕捉一行里的几个词都做不到，又怎能同时顾及上下几行的内容呢？当然，如果你试着用这种方法把同一篇文章反复阅读几遍，肯定也可以明白作者大概想表达什么意思。因为双眼在一遍又一遍的阅读过程中已经捕捉到了足够多的关键词，大脑把这些零星的信息和原有的知识储备相结合，就能产生一个对所读内容的大致印象。这个过程就像用眼睛在满是词语的水池里“捞鱼”，即使蒙着脑袋乱试，也能获得足够的信息。换言之，这种方法的本质是教人如何忽略信息，而不是从根本上解决阅读效率的问题。

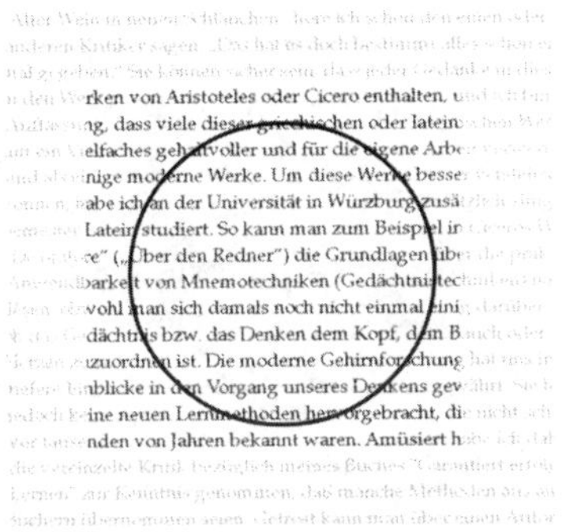

图5–15　阅读高手的视线范围

那么，“一目几行”的诀窍究竟是什么呢？首先，我们要学会扩大自己的注意力范围，而注意力和眼球运动是分不开的。还记得我们之前讲过的生存本能吗？哪里有动静，我们的注意力就会自然而然地被吸引到哪里。现在，我们就要借助这一本能来实现我们的训练目标。请你在阅读的同时用铅笔在书页上画圈，就像图5–16一样。每个圆圈的上下直径大概是3~4行文字那么宽，而且最好是顺时针和逆时针交替进行。因为，我们不仅要向下拓展我们的视野，还要学会同时阅读上面一两行的内容。在进行这个练习的过程中，画圈的动作越快越好，这样才能保证上下几行的范围内几乎同时出现运动轨迹。总的来说，大概就是这一秒钟顺时针画圈，下一秒钟逆时针画圈。

我知道，这个练习所需的视线范围肯定位于你现有的舒适区以外很远。不过换一个角度来看，这也意味着你找到了一个大范围拓展舒适区的机会。刚开始的时候，你可能一点儿都看不懂。但随着练习次数的增多，你的大脑会逐渐生成越来越多新的神经连接。训练进展到这一步，你应该已经不会被困难吓倒了吧。只要努力、有耐心，你一定会一步步登上顶峰的。

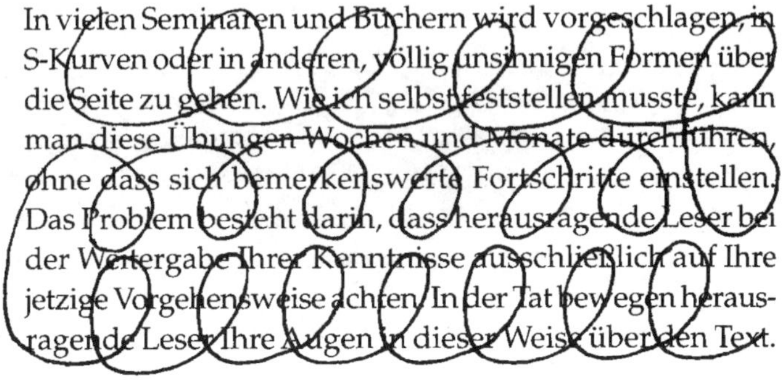

图5–16 “一目几行”的训练方法——画圈

当然，我不是让你在平时阅读的时候也把书画得乱七八糟，你现在还不需要在阅读任何书籍时都考虑到圆形视线运动轨迹的问题。这种画圈的方法和我们之前用到的笔尖或者手指一样，只是一种阅读辅助工具而已。我们还得找到合适的练习策略，才能把两者相结合，让这根新的登山杖有用武之地。

实用练习16

画圈练习

为了达到更好的练习效果，我们现在就得再找一本“练习书”。内容较为简单易懂、情节也不那么复杂的小说最适合做“画圈练习”的“专用练习书”了。请你随便翻到一页，向后数出20页作为第一次练习的阅读内容。然后，一边快速画圈一边阅读，一口气看完20页，中间不要停顿。我知道这个练习十分困难，但请大家至少试着去理解看到的内容，哪怕只是几个关键词也好。读完了以后，请合上书本，闭上眼睛靠在椅背上，回想自己读过的内容，比如无意中瞥到的地名、主角的姓名之类的，看看自己究竟能回忆起多少信息。一点儿东西都记不起来的可能性也很大，没关系，万事开头难。既然你现在已经知道看完以后还有检查理解程度的环节，那么下次开始阅读之前，就先明确这一目标，有意识地在关注眼球运动的同时获取尽可能多的信息。这种心理暗示看似无聊，实际上往往能够帮助我们更好地集中注意力，避免练习变成单纯的“看”书。

接下来，让我们开始“画圈练习”的第二部分。请你把书翻到刚才读过的那20页的开头，把手掌摊平放在书页上。照着下图中线条的样子，从第一行开始向下做锯齿状运动，眼球跟着指尖的移动阅读。记住自己的目标，并且督促自己向这个方向努力。读完第一遍以后，请紧接着用同样的方式，用手掌引导着视线再练习一遍，然后试着回想一下自己读过的内容。如无意外，这次你应该可以说出不少关键词了。

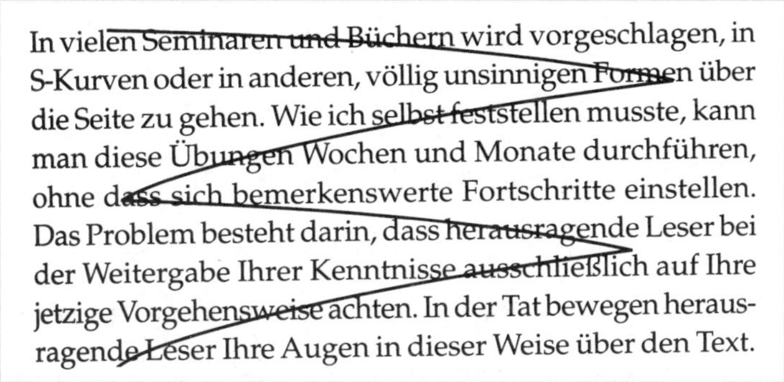

图5–17 眼球做锯齿状来回运动示意图

上图中的线条基本上属于最理想的视线运动路径，不久以后，你的视线也会这样运动。但这并不意味着第一部分的练习不重要，恰恰相反，做好了第一部分的练习，视野和注意力才能得到必要的锻炼和提高。

乍看上去，这种阅读方式简直不可思议。怎么能完全抛开作者原本的表达顺序，任意读取文字信息呢？但你还记得前文那段看似杂乱无章的文字吗？既然我们的大脑能够顺利地把在同一个单词里各个字母或同一句话里的各个词语组织起来，那它也一定能够绕过语义单元出现的先后顺序，弄明白整段文字的意思。想象一下，如果你从小就阅读那种看上去乱七八糟的文章，那么排版整齐的文章在你看来也会显得不可思议。这样解释，你是否已经看到了一丝曙光，觉得随意阅读不一定就是天方夜谭呢？

这段山路的最后冲刺阶段是十分艰辛的。不少传授阅读技巧的书籍夸下海口，承诺读者毫不费力就能学会一切。经过这段时间的练习，你应该已经发现这种说法有多么荒谬了吧。一路走来，我们需要的不仅是坚持不懈的毅力，自制力也很重要。在接下来的这一小段路上，这两点就更加重要了。因为，你正处于提高阅读能力的平台期，而且这个平台期还将持续很长一段时间。在反复进行“画圈练习”的过程中，你将经历以下几个阶段：首先，你只能看懂个别词语，随着练习的增多，你能复述出的关键词也会越来越多；然后，你会突然发现自己大致跟得上小说的情节发展了；再接下来就是填充越来越多的细节。每个人的天赋都有所不同，所以上述这些阶段各需要多少时间，也是因人而异的。记得我当初训练的时候，突破口就在于改掉默念这个坏习惯。自从我发现自己停止了默念，“画圈练习”就变得顺利了。顺带提醒大家，摆脱默念最有效的方法就是做“1 000单词/分钟练习”。

知识普及9

成功的两大秘诀

从古至今，人类一直都在寻找成功的秘诀。总的来说，不管在哪个领域，能够获得非凡成就的人都有两个共同的特点。

首先，他们都有十分明确的目标。有些人甚至可以描述出关于这个目标的所有细枝末节，这是成功最大的动力源泉。而且，目标越明确、远大，吸引力就越大。光是坐在那儿想象一下自己心中的目标，就已经可以给我们带来无穷无尽的动力和排除万难的决心了。所以，视觉想象力是非常重要的。你看，我们不知不觉又回到了视觉这个话题上来。就拿尼古拉 · 特斯拉来说吧。这位世界闻名的发明家在开发新机器时可以在脑海里想象出每一个零件的具体布局，利用这种方式来发现设计的漏洞，寻找改善的方法。在我看来，这绝对是他的众多逸事中最吸引人的一件。

成功人士的另一个共同点就是惊人的抗挫折能力。不管经受了多少失败的打击，他们都可以做好自我调整，重新站起来，继续朝着自己的既定目标进发。说到这一点，代表人物当然非爱迪生莫属了。没有人确切知道他在发明和改良灯泡的过程中究竟经历了多少次失败，走了多少弯路。可是，任何一次挫折都是一次磨炼，每一次失败都能给我们带来宝贵的经验。没有失败就没有最终的突破，因为我们在尝试之前根本不可能预知哪条路才是通往成功的康庄大道。我的建议就是，如果你觉得自己还不够成功，那就尽管鼓足勇气，迈开大步往前冲吧。这样一来，你至少能快点儿把该犯的错误都犯完，离成功也就更近了一步。

在通往顶峰的最后这段路上，你必须想清楚，自己每天辛辛苦苦地练习究竟是为了什么。想成为阅读高手，想节约更多的时间，还是想通过提高阅读能力赚到更多的钱？与其一开始就盲目练习，倒不如抽出一点儿时间，好好地琢磨清楚自己的目标。而且，想象的细节越具体越好。每当你在练习的过程中遇到困难想退缩的时候，就回想一下自己的目标，给自己鼓鼓劲儿，坚定一下意志。有目标还不够，你还得抗得住挫折，时刻保持积极向上的心态。回想一下，你当初学走路容易吗？没摔过跤吗？要是你早早地放弃尝试，那不就得四脚着地爬着过一辈子了吗？既然小时候都不在乎失败，现在长大了怎么反而变得不堪一击了呢？

有些培训班的学员在看到了最后这个阶段所需付出的艰苦努力后，跑来告诉我："我不需要最后这点儿进步了，现在这个程度我已经很满意了。"我的回答是："好，没问题！"不是每个人都需要达到1 000单词/分钟的阅读速度。许多起点较低的学员能够在原有的阅读速度上提高3倍，就已经心满意足了。毕竟，他们每天已经多出了2/3的空闲时间。

要知道，能够用400单词/分钟的速度阅读德语文章的人其实只有不到1%。现在回想一下，你就会发现，达到这个水平其实只需要少许练习。阅读速度能达到600~700单词/分钟的人已经算得上高手了，可这还没超出逐行阅读的级别呢！只有想达到1 000单词/分钟以上的速度，才需要我们克服这个障碍。

但平心而论，即使你的最终目标不是跨行阅读，也应该把"画圈练习"列入训练计划。因为这个练习可以训练你快速浏览文章、搜索关键词的能力。练就了这种能力，你就能在非常短的时间里"扫描"整本书，对内容形成粗略的印象，在精读之前明确全书的重点所在，这对提高工作和学习效率是很有帮助的。只需反复练习几天，你就可以掌握这种技巧了。在后面，我们会进一步讨论这种"人眼扫描"的能力。

第五节　提高阅读能力的5类练习

在讨论关于训练计划的话题时，我们就已经说过，每天的练习时间不得少于30分钟，整个训练计划至少持续3个星期。数一下，今天已经是第几天了？训练的效果如何？迄今为止，我们已经做了很多旨在提高阅读能力的练习。你可以根据自己的具体情况选择每天具体的训练内容。偶尔打破惯例，随手拿张报纸来练习一下，不失为一种调节心情的好办法。不过，千万别忘记每天都要腾出练习时间的最后1分钟做一下“收尾练习”，把最新的阅读速度和理解程度记录下来。

为了让大家在选择练习的时候更有目的性，我把本书到目前为止讲过的所有阅读练习，按照其具体的训练作用分成了以下五大类。顺便还可以带着大家巩固一下我们在本章讲过的内容。

借助阅读辅助工具加快速度的练习：

3–2–1 练习

2–2–2 练习

1 000 单词/分钟练习

拓宽视野的练习：

字母树练习

读报练习

在没有阅读辅助工具的情况下训练眼球运动的练习：

符号练习

文本练习

语义单元练习

改掉默读习惯的练习：

1–2–3 练习

培养“裸眼扫描”能力的练习：

画圈练习

如果你有意训练自己跨行阅读的能力，就要多做一些“画圈练习”。而且，对于这个练习来说，3个星期的训练时间是远远不够的。毫不夸张地说，我们可以用一生的时间来不断提高这种阅读能力。

如果你已经坚持练习了3个星期，现在就会是最艰苦的平台期。在这段时间，你要尽量抽出更多的时间来练习。不过我也有个好消息要告诉大家，即使是训练时间以外的日常阅读，完全不考虑任何阅读技巧，也同样能够取得一定的练习效果。通过第一个阶段的训练，你已经掌握了最基本的眼球运动技巧，这种能力甚至已经进入了潜意识的状态。因此，正常阅读其他书籍的过程实际上就是在不断巩固你的这种能力。这么一说，你是不是觉得平台期也没那么难熬了呢？此外，我相信你已经找到了自己最喜欢的几个练习了吧？如果你觉得某个练习的效果特别明显，那就说明你在那个方面有很大的挖掘潜力。所以，如果你希望更进一步，就不要轻易满足现状，还是要隔三岔五做做已经完成的练习。古语有云，温故而知新。而且，我相信你已经拥有更多的空闲时间来练习了，更强的阅读能力应该已经给你省出了不少空闲时间。

第六节　练习3个星期后，再测试一下你的阅读能力

轻松的日子快要过去了，下面是本书中最后一个问题和答案兼备的阅读测试了。以你现在的阅读能力，已经可以试着改用全文复述的方法来测试自己的

理解程度了。尽管今后的训练过程中不会再有专门的阅读测试，但也请你根据训练的进度，时不时地给自己来一次期中小测试。你可以从自己的“练习书”里找出一些和下文篇幅大致相同的段落作为测试的材料。测试方法也大同小异，必须测出阅读所需的时间，以及大致的理解程度。唯一不同的是，你再也找不到现成的问题了。请试着回忆文章的内容，然后用自己的话复述出来。既然没有问题的限制，你也可以用其他篇幅差不多的文章来测试一下自己阅读不同难度、不同主题的文章时的表现是否会有所不同。

趣味测试8

真真假假的谣言

我们的生活中充斥着各种各样稀奇古怪的说法。不管那些说法乍听上去有多么不可思议，一传十、十传百，大家也就信以为真了。例如，晚上把一块肉浸在可乐里，早上醒来再去看，就会发现肉已经溶解了；公牛一见到红色就会发飙；晚上12点前上床睡觉最有益身体健康。还有，很多人在打开易拉罐之前，都喜欢用手指在拉环上敲两下；把硬币扔进自动售货机前也大都会在机器上摩擦一下。

很可惜，上面说到的这些所谓生活常识其实都是假的。而且，居然还有人相信被马蜂叮上三下就会马上死掉，而且7个马蜂包足以害死一匹马。要我说，马要想弄死一只马蜂倒是简单得多。德语里的很多谚语就来源于类似的无稽之谈，例如，“在药店门口见到一匹正在呕吐的马”。事实上，马是永远都不会呕吐的，因为它们的胃和食道之间有一块括约肌，能够防止反刍。所以，如果有人说他见到一匹马在呕吐，简直就是胡诌。而且还在药店门口？别开玩笑了！还有，如果只是走开几分钟，是不是应该让房间里的灯一直亮着？不都说这样比一开一关要省电吗？又错了！这也是一个毫无科学根据的谬论。另外，瓢虫背上的斑点跟它们的年龄毫无关系，鸵鸟不会在遇到危险时把脑袋钻进沙堆，在南半球的浴缸里放水不会出现反方向的旋涡，珠穆朗玛峰上也完全可以煮熟鸡蛋。哦，对了！如果你有朝一日登上月球，就会发现，隔着那么远是根本无法用肉眼看到万里长城的。

在自动售货机上摩擦硬币

你有没有见过别人站在自动售货机前，一遍又一遍地把机器吐出来的硬币在机器上摩擦呢？你自己又是否干过这样的傻事呢？德国自动售货机生产商协会主席尼古拉·甘斯克曾经站出来公开辟谣，告诉消费者在自动售货机上摩擦硬币是不能帮助机器识别硬币而防止吐币的。从设计原理上来讲，自动售货机是根据硬币的尺寸、重量及磁性金属含量来识别面值和真伪的。稍有些物理常识的人都知道，摩擦不会对以上3项指标造成任何影响。这么说来，与其费力摩擦硬币，还不如站在售货机前念上两句咒语呢。

你肯定想说："不对呀！我每次碰上吐币，摩擦两下就有用了呀！"其实，这都是我们的心理在作怪，用科学的说法来解释就是概率问题。假设我们现在把一个稍有残缺的硬币投到售货机里，机器顺利识别它的概率是90%。如果一切顺利，售货机第一次就识别了你的硬币，吐出了你想要的巧克力棒，那你自然不会再琢磨什么摩擦硬币的事情，高高兴兴拿着东西就走了。但如果你运气不好，偏偏碰上了那10%的小概率事件，机器因无法识别而把硬币吐了出来。这时，你就会把硬币掏出来，在机器上摩擦一下，然后再试一遍。因为两次都识别失败的概率只有1%，所以，无论你事先有没有这个摩擦的动作，第二次投入硬币都不太可能出问题。可这样一来，你就会觉得一切都是摩擦的功劳。

德国随处可见"伤痕累累"的自动售货机。厂商没有办法，只能投入一大笔钱，给所有的机器都加装一层金属保护层。这样一来，机器本身虽然变得坚固了，维修成本降了下来，可铁皮上的划痕反而更加显眼。这就在无形中"强调"了这种无稽的做法，反倒让每一个去买东西的人都觉得摩擦硬币确实是有效的。从那以后，几乎所有人在掏出硬币以后，都会本能地在机器上摩擦两下。假以时日，划痕越来越多，铁皮也顶不住了。厂商只好又想出一个办法，干脆在每个投币口旁边都安装一个专门供人摩擦硬币的金属条。这下好了，人们见到这个小玩意儿就更加坚信自己的观点，觉得既然厂家都特意提供这种服务，那自己不摩擦两下简直就是浪费了崭新的金属条。谁知道，这个金属条的原意只是为了避免更多难看的划痕。

牙洞里的填充物可以接收广播信号吗？

每隔一段时间，我们就会看到类似的报道，说有人声称自己牙洞里的填充物可以接收到广播信号。早在1934年，《纽约时报》就曾经报道过类似的新闻：一个住在巴西的乌克兰人抱怨自己自从补完牙后，就不停地听到各种各样的广播。乍一听上去，这个人确实挺可怜的。但是，科学家已经给出了相关的理论解释：要想收听广播节目，必须有硬件设备。

首先要有接收无线电波的天线。虽然某些补牙的填充物确实可以起到线圈的作用，但要想收到足够的信号，牙洞的那一丁点儿填充物的体积又确实太小了点儿。

此外，由于接收到的无线电波频率太高，所以必须经过调制解调器的转换，才能完成调频的步骤。否则，我们接收到的就只是无线电波的能量而已。我相信，没有牙医会在补牙的时候免费赠送一根内置二极管吧。

就算我们假设填充物还能起到调制解调器的神奇作用，接收到的信号也得经过扬声器才能变成人耳可以听到的声音。请问，谁会常年在嘴里含个喇叭呀？

可是，《纽约时报》的记者显然没想那么多。他居然写道："在这样一个艰苦的年代，那么多人的终生梦想就是拥有一台收音机。这个乌克兰人应该感到庆幸才是，怎么还敢抱怨电台节目吵得自己无法入睡呢？"

要是牙洞填充物真能收听广播节目，那有蛀牙的人就都得小心了，广播电视收费中心寄来的账单说不定现在已经躺在你家的信箱里。

旅鼠集体自杀事件是真的吗？

很多人都以为旅鼠会集体自杀，这得归因于1958年那部迪士尼电影——《白色的荒地》（*White Wilderness*）。当时，加拿大记者布赖恩·瓦利深入调查了该片的拍摄过程。据他所说，整部片子的拍摄地都是加拿大的艾伯塔省——一个根本没有旅鼠的地方。影片中出现的那些小东西都是从马尼托巴省的爱斯基摩小孩手上买回来的，所谓的冰天雪地也只是一个铺满了人造雪花的巨大布景板。那些可怜的旅鼠被放在布景板上，被从各个角度拍摄。而且，制片方为了展现更加震撼的效果，使用了大量的后期制作。我们在影片中看到的成百上千只旅鼠实际上是片场里的几十只旅鼠的形象经过后期制作合成的。

在影片中，我们可以看到成群的旅鼠争先恐后地往河谷里跳，旁白说它们是受到了“死亡本能的驱使”。然而，瓦利通过调查，发现那些小动物都是被剧组的人活生生地扔下去的。影片里的旁白巧妙地避开了这个尴尬的问题，解释道：“成群的旅鼠已经跌入了死亡的深渊。后面的同伴却仍然没有半点儿回头的迹象，而是一只接一只地跟了上去。”

结尾是旅鼠在水中垂死挣扎的画面。旁白又说：“慢慢地，它们失去了力气，求生的意志也在一点一点地消失，北冰洋的海面上漂浮着许多小小的尸体。”这跟求生意志有什么关系呢？这些可怜的旅鼠，剧组要它们死，它们又怎能不死呢……

事实上，旅鼠这个物种的数量确实每隔4年就会急剧下降一次。但这并不是因为集体迁徙，更不是出于什么“死亡本能的驱使”。要知道，在自然界，连3只旅鼠同时出现都难得一见，哪来成千上万只旅鼠集体自杀呢？由于旅鼠的栖息地范围越来越小，人们想当然地认为旅鼠是因为食物短缺而集体迁走了。研究证明，这种有规律的数量变化主要归结于田鼠科动物的四大天敌：银鼬、北极狐、雪鸮和长尾贼鸥。

尽管旅鼠都是天生的游泳高手，但如果长时间找不到陆地，也会出现疲劳致死的情况。它们的尸体会随着洋流飘到同一片较为平缓的水域，于是我们会在同一个地方发现几只死去的旅鼠。这也是旅鼠集体自杀的传言产生的一个原因。

橡树招雷，榉树避雷？

最后这个谣言事关性命。德国有句俗语说在电闪雷鸣的时候千万要避开橡树，躲在山毛榉树下面。可是德国森林保护协会的数据表明，所有种类的树木被雷电击中的概率是相同的。我们之所以认为某种树不易受到雷击，是因为它们的水油含量与其他树不同，雷击的痕迹不那么明显而已。所以说，在雷雨天，不管躲在橡树下还是山毛榉树下都是十分危险的。正确的做法是寻找空旷的地方，最好蹲在低洼地里，并且尽量并拢双脚。

可信的“谣言”

当然，坊间流传的“小知识”也不全是假的。例如打哈欠确实会传染；先敲一下盖子，玻璃瓶的确比较容易打开；美国确实有16个州的法律明令禁止口交。以下这些“小知识”虽然听起来更加荒谬，但也同样属实：堪培利开胃酒之所以是红色的，是因为里面有磨碎了的虱子；用吸管喝酒，酒劲儿会大一些；与视力正常的人相比，近视的人的平均智商要高10%；热水比冷水结冰更快；日本人比欧洲人更容易喝醉，因为大多数亚洲人体内都缺乏一种分解酒精的酶——A1DH。

此外，古典音乐也的确能够刺激奶牛产奶。德国北威州的乳制品协会就曾经借“国际牛奶日”的契机做了一个实验。他们首先测量了来自3个农场的180头奶牛的正常日产奶量，然后把奶牛分成3组，给它们听不同的音乐。实验结果表明，莫扎特的《小夜曲》确实能够让奶牛的产奶量提高0.6%，民歌则略有抑制产奶的效果。而如果逼着奶牛听上一整天的重金属摇滚乐，产奶量就会显著减少2.5%。

你的阅读时间：

________分钟_______秒＝_______秒

请大家先完成下面的第一道题：

1. 以下说法中哪些是正确的，哪些是错误的？

	对	错
用吸管喝酒，酒劲儿会大一些。	□	□
亚洲人比较容易喝醉。	□	□
近视的人往往更聪明一些。	□	□
公牛见到红色就会发飙。	□	□
在珠穆朗玛峰上煮不熟鸡蛋。	□	□
堪培利开胃酒里有虱子。	□	□
美国总共有16个州立法禁止口交。	□	□
鸵鸟会把头埋进沙堆里。	□	□
晚上12点前睡觉最有益身体健康。	□	□
打哈欠是会传染的。	□	□
浸在可乐里的肉隔夜就会溶解。	□	□
打开易拉罐前先敲一下，可乐就不会喷出来。	□	□

热水比冷水结冰快。	□	□
如果只是离开房间一小会儿，不关灯会比较省电。	□	□
先敲打一下瓶盖，玻璃瓶就会更容易开。	□	□
被马蜂叮三下，人就会死。	□	□
瓢虫有几岁，背上就有几个斑点。	□	□
在南半球往浴缸里放水，会出现反方向的旋涡。	□	□
在月球上可以用肉眼看见万里长城。	□	□

接下来，请写出下列问题的答案要点：

2. 文章中针对哪些谬论给出了详尽的解释？

3. 自动售货机根据哪3个指标来判断硬币的真假？

4. 为什么我们会相信摩擦硬币是有效的？

5. 生产商出于无奈采取了哪些措施，反而提高了摩擦硬币这种做法的可信度？

6. 哪份报纸报道了牙洞填充物可以收听广播节目？

7. 接收广播信号的3个硬件设备是什么？

8. 那部迪士尼电影是如何扭曲事实的？

9. 还有哪些自然现象让我们误以为旅鼠会集体自杀？

10. 什么音乐能够促进奶牛产奶？什么音乐会明显地抑制奶牛产奶？

参考答案：

1. 以下说法哪些是正确的，哪些是错误的？

	对	错
用吸管喝酒，酒劲儿会大一些。	X	☐
亚洲人比较容易喝醉。	X	☐
近视的人往往更聪明一些。	X	☐
公牛见到红色就会发飙。	☐	X
在珠穆朗玛峰上煮不熟鸡蛋。	☐	X
堪培利开胃酒里有虱子。	X	☐
美国总共有16个州立法禁止口交。	X	☐
鸵鸟会把头埋进沙堆里。	☐	X
晚上12点前睡觉最有益身体健康。	☐	X
打哈欠是会传染的。	X	☐
浸在可乐里的肉隔夜就会溶解。	☐	X
打开易拉罐前先敲一下，可乐就不会喷出来。	☐	X
热水比冷水结冰快。	X	☐
如果只是离开房间一小会儿，不关灯会比较省电。	☐	X
先敲打一下瓶盖，玻璃瓶就会更容易开。	X	☐
被马蜂叮三下，人就会死。	☐	X
瓢虫有几岁，背上就有几个斑点。	☐	X
在南半球给浴缸放水，会出现反方向的旋涡。	☐	X
在月球上可以用肉眼看见万里长城。	☐	X

2. 文章中针对哪些谬论给出了详尽的解释？

• 在自动售货机上摩擦硬币；

• 牙洞里的填充物可以接收广播；

• 旅鼠集体自杀；

• 某些种类的树木可以避雷。

3. 自动售货机根据哪3个指标来判断硬币的真假？

• 尺寸；

• 重量；

• 磁性金属含量。

4. 为什么我们会相信摩擦硬币是有效的？

- 纯粹是心理作用和概率问题。我们会直接忽略第一次投币成功的经历，如果第二次才成功，我们就会误以为那是摩擦硬币的功劳。

5. 生产商出于无奈采取了哪些措施，反而提高了摩擦硬币这种做法的可信度？

- 加装的金属保护壳反而让划痕更加明显；
- 在每个投币口旁边加装一个专门供人摩擦硬币的金属条。

6. 哪份报纸报道了牙洞填充物可以收听广播的新闻？

- 《纽约时报》。

7. 接收广播信号的3个硬件设备是什么？

- 接收无线电波的天线；
- 转换频率的解调器；
- 扩音器。

8. 那部迪士尼电影是如何扭曲事实的？

- 从别的地区运来旅鼠；
- 使用人造的雪花和布景板；
- 把旅鼠扔进水里。

9. 还有哪些自然现象让我们误以为旅鼠会集体自杀？

- 旅鼠的数量每隔4年就会剧降一次；
- 洋流会把来自四面八方的旅鼠尸体带到同一片较为平缓的水域。

10. 什么音乐能够促进奶牛产奶？什么音乐会明显地抑制奶牛产奶？

- 莫扎特的《小夜曲》能促进奶牛产奶，使产量增加0.6%；
- 重金属摇滚乐会让奶牛少产2.5%的牛奶。

你的理解程度：________%

你的最新速度：

________字 ×60 ÷ ________秒 = __________字/分钟

第七节　快速阅读与好书精读

在本章结束之前，我还想和大家讨论一下关于阅读速度的最后一个问题。当然，速度并不是阅读能力的唯一指标，这一点我们已经反复强调过了。但是，在保证理解的前提下，是不是在每本书上用的时间越短越好呢？关于这个问题，英国哲学家和科学家培根早就给出了答案：

书有可浅尝者，有可吞食者，少数则须细嚼慢咽，好好消化。

从这个角度来看，书就好比红酒。有的书浅尝即可，稍微翻一下就可以丢到一边了，因为你浏览一下就可以发现它根本不值得一读。遇到质量略好一点儿的书，就不妨囫囵吞枣，粗略地通读一遍。一旦我们在快速阅读的过程中找到了自己所需的信息，就不必再浪费时间仔细阅读了。如果有幸遇到一本好书，就必须细嚼慢咽。其中的信息很重要，更难得的是，我们可以在仔细阅读的过程中汲取某些宝贵的思想，或许还会因此改变自己原有的某些行为方式。在本书的最后一章，我们会讲到阅读这类书籍的最佳策略。

最有价值的书往往是需要慢慢消化的。这个水准的作品往往都是该领域的经典之作，不是每个人都能读懂读透的。因此，我们必须不时地把它们从书柜上拿下来，从头到尾细读几遍。这类书能够培养我们的分析性思维，健全我们的人格，是心智成长的养料。我敢保证，这种作品不管重读多少遍，都会带来新的收获、新的想法、新的感触。每次重读都绝对会有惊喜，所以，真正的好书是值得读一辈子的。

花在好书上的时间再多都不算浪费，我们根本不需要考虑自己究竟花了多长时间才读透了一部经典。由于其中的精华部分太多，你大可以每隔一小段就暂停一下，认真地思考刚才读过的内容，让自己的大脑慢慢地消化吸收它。不过，即使是这类难度极高的作品，我们也大可以先一口气通读一遍，了解大致的内容和脉络。有了这样的基础，以后的细读和精读就会简单一些。

可问题是，怎么判断一本书的含金量呢？我敢说，真正值得阅读一辈子的书，充其量只有10万本。在附录里，我总结了25部人类文明史上最重要的作品，这些经典曾经改变了整个世界，代表了无可企及的学术高度和历史价值。当然，它们只是极少的一部分，而且关于某部特定作品的地位高低的话题从来都是充满争议的。我这样做的目的只是希望给大家指出一个方向，不让大家在茂密的书籍森林里迷失方向。

本章要点：

- 高效阅读的第一个诀窍就是科学地控制眼球的运动方式。在训练初期，你可以使用阅读辅助工具来引导自己的视线。
- 阅读高手是不需要逐字逐句默念的。阅读速度不应该受到默念速度的限制，与之相反，脑子能转多快，我们就能读多快。
- 在练习的时候要刻意加快速度，好让自己没有时间跟着默念。以下这3个练习可以帮助你走出自己的舒适区：
  - 3–2–1练习；
  - 2–2–2练习；
  - 1 000个单词/分钟练习。
- 除了特殊的训练外，所有阅读的最终目的都是对内容的理解。不要把平时阅读和阅读练习混为一谈。
- 想要达到更好的效果，我们还得拓宽自己的视野。下面这两个练习就能起到这个作用：
  - 字母树练习；
  - 读报练习。
- 随着训练进度向前推进，我们要学会在没有阅读辅助的情况下保持原有的阅读速度和节奏。阅读一行文字一般只需定焦两三次。我们可以从“符号练习”开始，逐渐习惯“徒手”阅读，然后把这种节奏运用到“文本练习”当中。
- 每天至少练习30分钟。每次训练结束之前，花1分钟做一下“收尾练习”，测试自己最新的阅读速度和理解程度，把这两个数值填到自己的进度表里。
- 要想具备跨行阅读的能力，需要很多时间和耐心。“画圈练习”可以帮助你实现这个目标。

第六章

集中注意力

请大家带着以下问题跟我一起继续下面的旅程：

- 怎样才能在阅读的时候始终保持视野宽广？
- 阅读的时候，注意力应该集中在哪里？
- 压力会对阅读能力产生哪些影响？
- 怎样才能在身心放松的同时集中注意力？
- 怎样才能长时间集中注意力？

要想改掉逐字或逐词阅读的习惯，学会根据语义单元读入信息，关键是要做到“广角阅读”。要想在现有的基础上更上一层楼，学会跨行阅读，就更不能不拓宽视野了。如果我们把双眼想象成一台照相机，那么这个转变就相当于个给相机安上了广角镜头，同时扩大横向和纵向的取景范围，从而增大每次读入的信息量。在前一章里，我们已经学会了不少拓宽视野的练习。可是，怎样才能使我们的双眼长时间保持广角状态呢？

早在1956年，美国认知心理学家约翰·米勒就在他的研究报告《神奇的数字7》（*The Magical Number Seven*）中提出了一条著名的理论——7±2理论。根据这一理论，人脑在同一时间最多只能处理7±2个信息。不信你可以找一个朋友来问一下，他昨天干了哪些事，在大多数情况下，他充其量能数出9件事来；如果让他回忆上个月发生的事情，结果也大致如此，而不是简单地用7±2乘以30天。正是根据这个理论，美国的电讯营运商才把各大中城市的固话号码定为7位数。

最新的科学研究证明，想在7±2的基础上达到更好的记忆效果，我们首先要把注意力集中在一个与思考内容毫不相干的固定点上，再用剩余的6个空闲资源来处理与某个事件直接相关的问题。这种解释似乎还不够清楚，下面就让我针对阅读这个具体问题解释一下这个理论吧。

第一节 找到注意力的“归宿”——后脑勺上的那个点

多亏了罗恩·戴维斯，认知心理学和阅读能力之间的关系才重新进入了我们的视线，成为阅读领域的新焦点。根据他的理论，高效阅读的秘密就在于每个人后脑勺上最突出的那个点。阅读的时候，注意力首先要集中在这个点上。

图6–1 人的后脑勺上最突出的那个点

我也承认，这种做法乍一听上去一点儿道理都没有。我最初听说这一理论时的第一反应也和大家一样：这不就白白浪费了1/7的注意力吗？不要急，请听我慢慢解释。无数的研究结果都已经证实，真正的阅读高手在整个阅读过程中，都会把自己的一部分意念集中在后脑勺的那个点上面。同其他阅读技巧一样，这个窍门其实也是从几百年前一直流传至今的。早在古代，中国就已经出现了“思考帽”这样的发明。固定在帽子内侧的一个突起物持续压迫后脑勺的那个穴位，读书人就更容易感知到那个点的存在，从而能够有意识地集中注意力。甚至还有一个十分贴切的比喻，说这个点就是“阅读时的震中”。大家不妨回想一下，每次遇到难题的时候是不是都会下意识地挠一下后脑勺？其实，这就是人体在本能地督促大脑重新打起精神、集中注意力。

由于这个中心点与思考的具体内容毫无关联，所以就算我们把注意力集中在这里，也不用刻意强迫自己思考而产生适得其反的效果。在身心放松的状态下，我们往往更能够集中注意力。说到这里，我一定要提醒大家，所谓放松并不是让你用1/7的精力惦记着后脑勺上的那个点，然后忘记一切，天马行空地胡思乱想。一不小心，我们就会做起白日梦来，不知不觉地回想一下过去，思考一下未来，反而忽略了最重要的当下。这种思维状态是不可取的，它不仅会浪费我们的精力，还会引发焦虑，影响心情。或许你也有过这种经历，明明一整天都没干什么正事，晚上睡觉之前还是会莫名其妙地觉得身心疲惫。实际上，这只能说明你没有正确地运用自己的注意力。

与之相反，所谓的注意力高度集中，就是把自己的意识固定在同一点上，及早防止那些多余的思绪到处乱飞，而把剩余的精力都用在学习和思考上面。这种状态不仅不会让人感觉疲惫，反而还能产生身心愉快、精力充沛的感觉，因为你在大部分时间里都处于忘我的状态，周围的一切都不会对你产生干扰。在这样的状态下，工作和学习的效率都会大大提高，你就算忙了一整天也会觉得时间过得飞快，晚上躺在床上也不会感觉疲倦。懂得这种工作方式的人往往都非常自信，这种积极的情绪又可以让人越干越有劲儿，形成良性循环。

知识普及 10

压力源于心理和生理两个方面

一旦工作量过大、学习难度过高，我们就难免会觉得力不从心，精疲力竭。这就是现代人最常见的压力来源。但是，这一切不完全是心理作用。一旦大脑感知到压力，人体就会马上做出应激反应，刺激肾上腺分泌所谓的应激荷尔蒙，体内的肾上腺素水平就会急剧升高。

这样说来，应激荷尔蒙似乎不是什么好东西。可是从生物遗传学的角度来看，肾上腺素却是人类生存繁衍的大功臣。想象一个原始人正在森林里采集野果，树丛里突然跳出来一只剑齿虎，这个可怜人肯定会不知所措。可就在他还没来得及进行理性思考之前，人体就已经在几秒钟的时间里分泌出了大量的肾上腺素，加快了体内的血液循环，刺激肌肉进入兴奋状态。与此同时，体内的脂肪和糖分储备也被充分调动起来。总而言之，身体已经为下一步的打斗或者逃跑做好了准备。与此同时，血液中的大量肾上腺素还会让我们的大脑产生一定的变化：脑细胞之间的信息传递会受阻，某些负责促进思维的神经递质也会立即停止分泌。换言之，体内的肾上腺素水平越高，人的思维能力和接受新信息的能力就越低。在面临生命危险的时候，这种变化是非常有益的，它能够让我们停止无谓的思考，做出本能的反应：要么冲上去制服那只剑齿虎，要么撒腿快跑。不然大脑就会自顾自地胡思乱想："如果我心平气和地跟这个'大猫'谈一谈，说不定它就不想吃我了。哦，对了！我还可以把刚采的果子送给它，说不定它以后就改吃素了呢……"

可惜，现代人的压力来源远远不止一只剑齿虎那么简单。考试压力，工作压力，家庭责任，今天被上司批了，明天还要交论文……根本数都数不清。可是，我们的身体可分不清哪些压力是老虎惹的祸，哪些压力是因为考试不及格，不管三七二十一都会释放出大量的肾上腺素，阻碍大脑进行思考。一旦大脑不转了，就更别想完成任务了。所以说，人类的生存本能又一次成了阅读和学习的障碍。

为了解决这个问题，我们首先要从减压入手。当然，通过前一段时间的练习，你的阅读能力已经上了一个台阶，这同时意味着你在阅读方面的压力已经得到了一定的控制。这是最能治本的方法。但是，阅读能力再高的人也会遇到自己一时看不懂的文章，我们还是有必要寻找一种降低肾上腺素水平的有效策略，以备不时之需。纯粹从生理角度来说，运动就能达到这样的效果。因为运动就相当于对体内的荷尔蒙变化做出反应，让身体以为我们要么正在与那只剑齿虎搏斗，要么已经逃得远远的了。既然原本的目的已经达到，人体自然就没必要再继续分泌肾上腺素了。道理说得容易，但在日常生活中，我们总不能去找上司决斗，或是一紧张就跑出去进行百米冲刺吧。

其实，降低肾上腺素水平也不是什么难事，秘诀只有简简单单的三个字：放轻松。接下来的“高尔夫球练习”就能让你在阅读的过程中很好地放松身心、减轻压力。此外，还有一个十分简单的办法，那就是做自己爱做的事。科学证明，每个人在做自己喜欢做的事情时，体内都会自动分泌内啡肽。这种激素堪称“人体的天然鸦片”，是一种促进神经传导的物质，能够有效中和血液中的肾上腺素，起到减压的作用。所以说，不要一遇到困难就只会坐在那里干着急，不妨先放下手头的工作，做些让自己高兴的事情。如果你也像我一样，需要连续花上几个月的时间来准备考试，那我建议你把每天晚上的时间都空出来，放松一下自己。不出一个星期，你就会发现自己的动力更大了，心情也变好了。尽管少了几个晚上的复习时间，整体效率却大大提高了。

我们现在正处于向顶峰冲刺的最后一个关键阶段，自我减压的能力显得尤为重要。结果成功与否，往往取决于个人的心理状态。直到现在，我仍然觉得自己的阅读能力在很大程度上与放松程度成正比。最明显的例子就是，每当我心烦意乱的时候就无法做到跨行阅读。

在阅读的时候，只要我们把注意力集中在后脑勺的那个点上，心情就会不知不觉地放松下来，头脑也能始终保持清醒。我们的眼球在这种状态下会更容易放松，可以长时间地保持较宽广的视线范围，搜索语义单元也因此变得简单起来。此外，随着专注程度的提高，双眼眼球的运动轨迹会更加流畅，阅读也会更有节奏。总而言之，双眼读入信息的能力和注意力都有了明显改善，对文章内容的理解和记忆自然就不成问题了。

第二节 建立自我放松的条件反射

下面这个练习已经远远超出单纯的阅读训练了。它可以帮助你建立自我放松的条件反射，让你学会在放松的同时保证头脑清醒、思维敏捷。学习和工作在很大程度上都是脑力劳动，而这种劳动的效率往往取决于一个人的身体状况。每当我们感觉力不从心，压力过大，身体就会做出相应的应激反应，如果严重一些，还会出现头晕、头痛或者腰酸背痛等症状。请你重视自己身体发出的求救信号，一旦遇到这种情况，就要积极地寻找对策，不能一味地蛮干。有了下面这个练习，你就可以在状态不佳的时候尽快做出调整，避免情况进一步恶化。只要跟着做上几遍，你就会感觉神清气爽，仿佛睡了一个舒服的午觉。长期坚持练习，还能让你持续拥有较高的阅读效率，预防压力。

实用练习17

高尔夫球练习

请你闭上眼睛，静静地靠在椅背上。一边用鼻子吸气，一边在心里慢数“1、2、3”。然后，用嘴巴吐气，从“1”慢慢地数到“4”。在吐气的过程中，请你放松肩膀，让双肩不断地往下沉，想象自己的所有压力都随着吐出的二氧化碳一点点地离开自己的身体。注意力始终要集中在呼吸上，感受小腹随着呼吸的节奏一起一伏。尽量保持深呼吸，把每一口气都深深地吸入丹田。

心理压力大的时候，我们的呼吸会变得急促，脑部得不到足够的氧气供给，进而影响阅读时的注意力和理解力。人脑只占整个身体重量的2%，却至少需要20%的氧气供给来保证其正常运转。这个练习之所以要求大家在吐气的时候故意放慢速度、多数一拍，正是因为吐气本身就是一种自我放松的条件反射。一级方程式赛车手也会用调整呼吸的方法来保证反应的敏捷程度。如果这种办法在如此紧张的赛车场上都能奏效，那对付我们在阅读时遇到的压力就是小菜一碟了。与之相反，如果我们突然猛吸一口气，身体马上就会开始增加肾上腺素的分泌量。道理很简单：如果你突然发现自己面前站着一只剑齿虎，那你的第一反应肯定是狠狠地吸上一口气，然后撒腿就跑。直到回头看到老虎不见了，你才会本能地长吐一口气，对自己说：“好险啊！”换言之，缓慢的吐气就是危险解除的信号，身体自然会重新切换到放松模式。在反复呼吸的时候，一定要重点关注呼气，一边呼气一边想象自己的每一块肌肉、每一条神经都在一点点放松。

读到这里，你或许会心生疑问，不是叫“高尔夫球练习”吗？怎么一直都在讲呼吸呢？不要着急，先调整好了呼吸，摆脱了紧张的情绪，我们才可以开始进行下一个步骤。请你举起一只手来，把指尖放在我们刚才讲到的那个后脑勺最突出的位置上面，有意识地去感觉手指的触摸。吸气的时候，把注意力集中到那个点上；吐气的时候，继续把肩膀往下沉。现在，把手放回胸前，想象手心里正握着一个高尔夫球。你可以感受到它的重量，感受到自己的指尖正在拂过球面上的一个个小圆坑。然后，慢慢地举起手来，想象自己正托着那个高尔夫球，把它稳稳地按到后脑勺的那个点上。保持这个姿势，感受高尔夫球在那个点上的压力。然后，慢慢地把手挪开，想象高尔夫球奇迹般地停留在那里了。现在，继续深呼吸。吸气的时候把注意力集中在后脑勺的高尔夫球上，吐气时继续放松肩膀和手臂的肌肉。

请你反复进行这个练习，直到感觉彻底放松下来，就可以睁开眼睛继续阅读了。这时，你不仅会觉得压力尽消，还会变得精力充沛。

这个练习的目的就是帮你建立一个自我放松的条件反射。反复地练习，你会得到更加彻底的放松。最后，你只需闭上眼睛，用几秒钟的时间来想象一下后脑勺的那个点，就可以达到放松和养精蓄锐的效果了。刚开始的时候之所以要加上一个想象中的高尔夫球，主要是为了稍微引导一下你的注意力，让你习惯这个过程。

发现这个技巧之前，我总是看着看着书就肆无忌惮地做起白日梦来，可又不懂得怎样管住自己的大脑。还记得小学的时候，“集中注意力”这句话几乎是每个老师的口头禅，但从来都没有人告诉我们，究竟怎样才能集中注意力。现在，我已经找到了这个固定的点，找到了注意力的“归宿”。起初我也很纳闷，这个点居然不在书里，而在每个人的后脑勺上。不过，我可以用我自己的体验告诉大家，这个理论绝对是科学的、有效的。每当遇到力不从心的情况，你就可以练上几分钟。等到成功地建立了自我放松的条件反射，你就能感受到神奇的效果，一拿起书自然而然就会首先想到那个点，不费力气就能长时间集中注意力，进行高效阅读。

本章要点：

- 一旦注意力集中在后脑勺最突出的那个点上，我们就会进入一种精力充沛、身心放松的理想状态。眼球运动的轨迹会变得更加流畅，视野也会有所扩大。
- 一旦发现自己的精神状态又开始走下坡路，不知不觉老开小差，你就可以有意识地把注意力重新引导回后脑勺的那个点上。
- 血液中的肾上腺素水平越高，大脑的思维能力就越差。因此，要想读得快、学得好，必须首先学会自我放松。
- 不断重复“高尔夫球练习”，就能逐渐建立起自我放松的条件反射。

第七章
培养理解力

请大家带着以下问题跟我一起继续下面的旅程：

- 如何培养自己的理解力？
- 怎样梳理文章的脉络？
- 作者与读者之间有什么关系？
- 视觉卡片对理解文章有什么帮助？
- 怎样养成新的阅读习惯？
- 怎样升级“3–2–1 练习”？

前面我已经简单提到过“看”书和“念”书这两种最常见的阅读误区。通过做第五章的练习，相信大家都已经解决了“念”书的问题。可如果我们只是一味地追求速度，又会掉进“看”书的陷阱。本章的任务就是要培养你的理解力，让你在读得快的基础上理解得更多。

在过去的几周里，我们已经做过大量训练眼球运动的练习了，这些练习都能对理解力起到旁敲侧击的作用。要知道，只要我们摆脱了逐字或逐词阅读的习惯，学会了通过扩大视野范围来读取语义单元，培养理解力的任务就已经完成了一大半。接下来，让我们一起再接再厉，继续挑战更有针对性的练习吧。

第一节　养成梳理文章脉络的阅读习惯

要想充分理解一篇文章的意思，我们必须激活自己的大脑。看到这里，你或许会心生疑问：人脑难道不是每时每刻都在工作吗？没错！大脑就连睡觉的时候都在兢兢业业地工作。可是，大家还记得前文中讲到的“神经比特”吗？人脑每秒钟可以有意识地调动126个神经比特，而所谓“激活”，就是要把这部分宝贵资源充分运用到阅读理解中去。换言之，要把阅读从一种被动接收信息的模式转化为主动处理信息。阅读高手之所以能够在高速阅读的同时做到理解透彻，就是因为他们懂得充分调用自己的大脑资源，一边处理刚刚读入的文字信息，一边积极思考，一步步地梳理出文章的脉络。可以说，阅读理解的过程好比读者跟踪作者的脚步，记录下他的一举一动。对于作者而言，他的写作思路可能会越来越抽象，也可能会一直停留在同一个层次，当然还可能会越来越具体。而我们要做的，就是紧跟着作者的思路一直往下读。

案例示范 1

如何梳理文章脉络？

让我们来看一个简单的例子吧。假如我们现在拿到了一篇文章，题目是“交通工具”。聪明的读者第一时间就会反应过来：“哦！这个标题就是整篇文章的中心词，是作者思路的起点。”然后，我们在第一段里读到了关于汽车的内容。汽车显然是众多交通工具中的一种，这意味着作者朝着具体的方向前进了一步。如果接下来又出现“宝马”这个品牌，我们就要在脑子里跟着作者的思路朝具体的方向再迈一步。同样，如果读到关于“3 系”或者“7 系”的内容，甚至还出现了某种车型的颜色与配置等信息，就说明作者又进入了下一个更加具体的层次。突然，作者笔锋一转，开始描写奔驰车了。如果不打起精神，我们就会错过这一重要的转折。“奔驰”和“宝马”显然都是汽车品牌。因此，作者一下子往回跳了两级，回到了与宝马车平行的思路层面上。在这以后，文章里或许还会出现“SLK”与“CLS”等具体型号，分析每种型号的配置有何不同。那么，我们就应该知道这部分的文章脉络和刚才关于宝马车的那段基本一致。

写完地上跑的，作者开始写天上飞的。当眼睛捕捉到“飞机”这两个字时，聪明的读者会发现，作者这次又往回跳了一大步，回到了与汽车同级的抽象层次上。沿着这一思路，作者继续往下写，列举出几大飞机生产商及各种厂家的飞机型号。写完这部分，作者又重新开辟了一条路，开始描写自行车的不同品牌和型号。

看了这个例子，你是不是已经明白我的意思了？还是更加糊涂了？如果你真的被我绕糊涂了，那就说明你还没有养成梳理文章脉络的习惯，还不懂得在阅读的同时积极发挥大脑的逻辑思维能力。其实，我之所以要絮絮叨叨地解释这个简单的例子，就是为了给大家模拟一下阅读高手的思维过程。你可以把上面的那段内容看成是阅读高手在阅读过程中的自言自语，只不过这里的“自言自语”指的是整个思维过程像自言自语一样不被意识到，无须刻意控制，而不是真的在跟自己说话。否则不就变成默念了吗？好的，了解了阅读高手的做法，下面就该挽起袖子，亲自上阵了！我们也要把这种主动梳理文章脉络的能力变成自己潜意识操作的能力。

既然不能单凭大脑来梳理文章脉络，我们就得勤加练习。请你准备一张足够大的白纸，然后按照自己对上述内容的理解，画出一幅示意图。这个从视觉到图像的转化过程其实非常简单，你可以想象自己是一台计算机，先用眼睛扫描文章中的文字信息，将其输入大脑，等大脑处理完毕之后，再用手输出对应的图像信息。这种方法不仅能让初学者更加轻松地把握文章整体结构，还能培养我们的抽象思维和逻辑思维能力。

下面是我的画法：

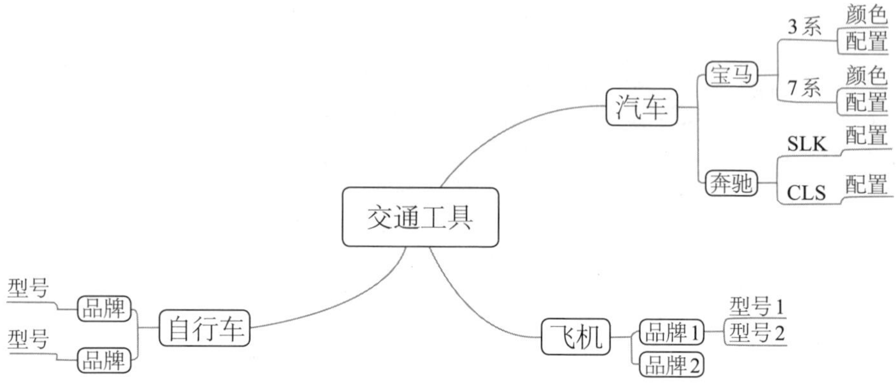

图7-1 “交通工具”视觉卡片

所有文字表达都是线性的，作者必须遵循一定的逻辑顺序展开自己的描写或论述。暂且不论大多数人都没有做笔记的习惯，即使偶尔动一下笔，也只是在页边空白的地方写下几个关键词，在笔记本上依次记下书中的要点。这种处理信息的方式始终未能突破线性限制，因此无法帮助大脑梳理出信息之间的逻辑关系和文章的整体脉络。现在，请大家再回过头来比较一下我们刚才画的视觉卡片。你会发现，文章的主题始终处于最显眼的中心位置，其他内容都按照逻辑层次围绕主题展开，呈放射状，就像一棵大树，具体的信息越多，枝干就越多，树叶也越茂密。这种处理信息的方式可以追溯到人类文明史的开端，早在史前时期，我们的祖先就已经在岩洞的墙壁上画出了类似的树状图。近几年里，各式各样的时髦说法层出不穷，但不管是叫思维导图、灵感触发图，还是什么别的，其理念都源于我们大脑与生俱来的思维模式。我之所以选择了“视觉卡片”这个名称，就是要借此突出视觉的重要性。只有在脑子里形成了具体的图像，我们才能够彻底摆脱线性思维的束缚，系统地梳理出文章的逻辑脉络。从这个角度来看，视觉卡片是提高视觉阅读能力的最有效的辅助工具。

通过上面那张视觉卡片，我们可以清楚地看到，作者在组织文章的过程中只有三条路可走：一种是将信息具体化，从交通工具这个中心出发，向外层的枝叶发展；一种是反方向阐述，向上层的抽象信息靠拢；最后一种是停留在同一个逻辑层次上，横向展开叙述。从图7–2这张视觉卡片中，我们可以清楚地看到这三种切换逻辑层次的方式。

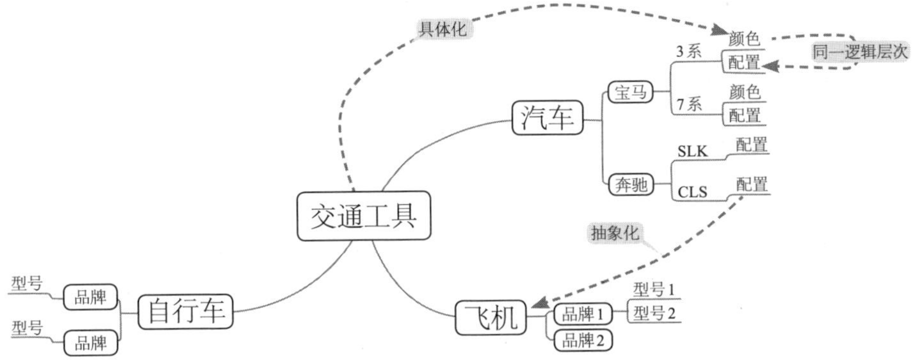

图7–2 “交通工具”视觉卡片2

如果一个接一个地罗列出以上信息，我们就很难梳理出如此清晰的脉络关系。而且，人脑天生就不擅长线性思维。很早以前，人们通过观察彼此之间的沟通过程，提出了以下这种假设，如图7–3所示。

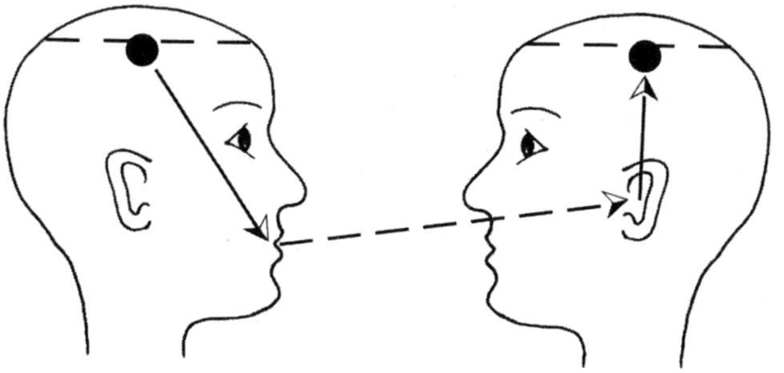

图7–3 人与人之间沟通过程的线性思维假设

由于空间和时间的限制，我们只能将自己的意思一个字一个字地表达出来，向他人传递信息。于是，以前的人们就认为大脑也是用这种线性思维的方式来处理接收到的信息的。然而，通过进一步的科学研究，我们终于发现，人类的思维实际上是发散性的，我们的大脑会根据接收到的信息产生联想，而且这一联想的方向是完全不受线性限制的。每个人的知识储备不同、经历不同，在听到同一条信息时也会产生不同的联想，做出不同的反应。比如，同样是看到“一片”这个词，有的人马上就会想到“树叶”，有的人则会想到“面包”。从图7–4这张脑神经示意图中，我们可以看出，人脑的基本构造与视觉卡片一样，是立体而发散的，不是线性的。

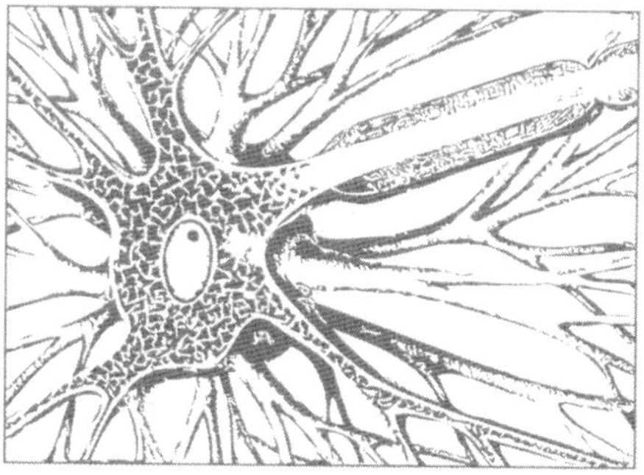

图7–4　脑神经示意图

毋庸置疑，阅读也是一种信息沟通的过程。作者首先要把自己的发散性思维转换成线性的表达方式，用文字记录下自己的思想，而读者则需要读取这些线性结构的信息，然后在大脑中完成解码的过程，进而生成另外一幅发散性的图像，最终理解作者的意思。从本质上来说，人与人之间其实只能间接沟通，其中介便是语言与文字。

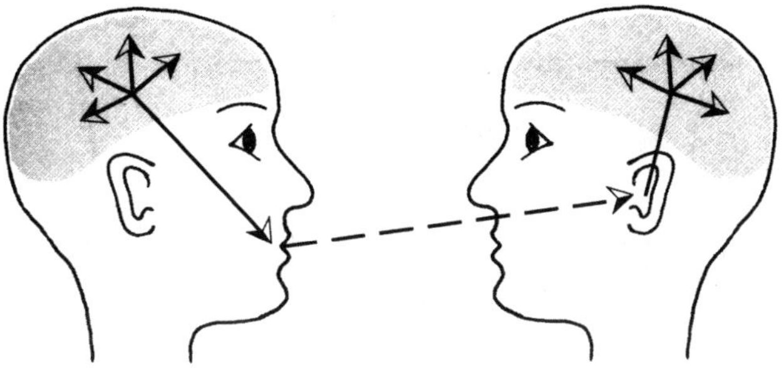

图7–5　人类的发散性思维

第二节　线性文字与发散性思维的转换

既然我们已经发现了沟通过程中的两大信息处理模式，那接下来的问题就是，如何利用文字这一中介在两者之间实现顺利的转换。要想解答这个问题，我们首先要回归创作与阅读本身，进行进一步的分析。众所周知，每个作者在下笔之前都要完成初步的构思。他们的大脑在这一阶段会产生无数的联想，因此思维也极其发散，可以说，这个阶段的信息处理方式是三维的。接下来，作者需要把零散的想法组织起来，按照一定的顺序整理与提炼，这是二维的过程。最后终于到了写作阶段，之前的三维信息和二维信息都被整理成了一维的文字，即线性文字。这就是作者从发散性思维到线性文字的转换过程。

上述的各个转换步骤都与读者没有直接的关联。作为读者，我们的任务就是借助现成的线性文字信息，重新解构出作者最初的发散性思维，即三维信息。所以，我们也同样要借助二维信息作为过渡，这就是使用视觉卡片的意义所在。在制作自己的视觉卡片时，我们并不需要罗列出文章中的所有细枝末节，这样反而会分散我们的注意力，扰乱思路。我们必须集中精力分析文章的宏观结构，梳理出文章的整体脉络，才能更好地把读到的内容与自己原有的知识储备相结合，从而实现深层理解和长期记忆。

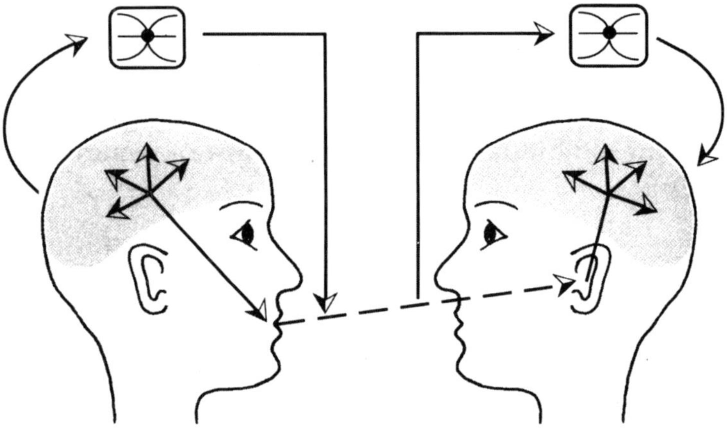

图7–6　线性文字与发散性思维的转换示意图

借助视觉卡片，我们可以一目了然地看出整篇文章的结构，进而判断出作者的思路是否清晰，逻辑是否合理。我在法律系读书的时候，就已经开始尝试自己制作视觉卡片了。结果，我居然找出了许多经典教科书里的漏洞，尤其是章节的层次划分经常会出现逻辑混乱的问题，如原本属于支脉a的内容，有时会被归到支脉b甚至是主脉A的章节里；某些具体的论述也会超出其理论框架的范围，导致学生理解上产生困难。某些质量欠佳的辅导书，更是毫无逻辑性可言，让人不得不重新拆分段落与章节，才能制作出一张有意义的视觉卡片。

如果只是按照全文的线性顺序阅读，我们肯定无法从整体上掌握那些法律大部头的结构，更不要说挑教科书的毛病了。而所谓的理解困难，往往也是因为我们的思路混乱不清，过于关注细节的论述，却忽略了宏观结构的分析。此外，读者之所以看不懂，有时正是因为作者自己就没想通。我们在阅读的时候千万不能被作者牵着鼻子走，而要主动地重组线性信息，利用视觉卡片分析出文章的逻辑结构，从而做到真正意义上的对信息的理解和吸收。尤其是在阅读大篇幅作品的时候，这种辅助工具更是不可或缺。

第三节　制作视觉卡片，培养新的阅读习惯

道理已经解释清楚了，下一步就是实际操作。我们要通过具体的练习来培养新的阅读习惯，并且通过长时间的反复练习，让自己在这方面的阅读能力上升到潜意识操作的水平。因为，只有习惯成自然的潜意识操作的能力才最能代表一个人的真实阅读水平。我们将以循序渐进的方法学习制作视觉卡片，让大脑学会一边阅读一边完成发散性思考的过程，最终将这种能力转化成自己的思维定式，闭上眼睛就能在脑子里出现一张完整的视觉卡片。

段落练习

在本节里，我们将从较为短小的段落入手，学习制作视觉卡片的基本要领。首先，请大家一起来看一个练习。

实用练习18

自己动手制作视觉卡片

请阅读以下段落，在阅读的过程中注意分析其逻辑结构。

要想用牙洞里的填充物来收听广播节目，就必须同时满足以下3个条件：首先，填充物必须能够充当天线，接收无线电波；其次，需要一台调制解调器来完成调频这一步骤，把无线电波的能量转换为广播信号，这就需要在牙洞里加装一根二极管；最后，还得有一个扬声器将信号转换成人耳能够听到的声音。至于究竟是否可行，请大家自行咨询牙医！

下面就是我根据这段内容制作的视觉卡片：

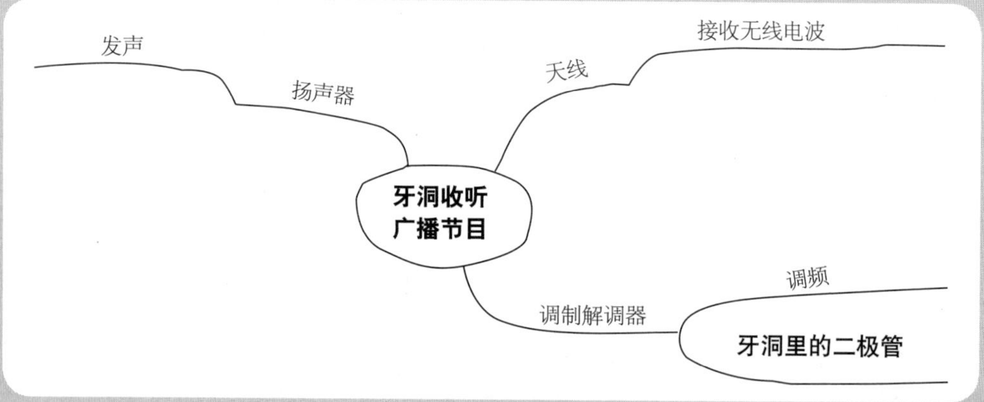

图7–7　“牙洞收听广播节目”视觉卡片

这种画法只是其中一种可行性方案，而不是所谓的标准答案。每个人处理信息、梳理脉络的思维模式都不尽相同，所以你和我根据同一篇文章画出的视觉卡片也会出现细微的差别。这就是视觉卡片作为辅助手段的优点，它没有任何硬性规定，能够让每个人都有充分的自由发挥空间。请大家千万不要像小学生做作业一样，生怕做错了会挨老师的批评。你之所以每读完一篇文章都要花时间来制作视觉卡片，完全是为了你自己，为了利用这个机会积极地思考刚才读过的内容。只要掌握了以下几个要点，你就可以随心所欲地设计自己的视觉卡片了！

在《超级快速阅读》一书中，我专门用了整整一章的篇幅讲解视觉卡片的详细制作过程、练习效果和具体的应用范围。我从中节选出以下几条与阅读直接相关的内容，希望大家可以进一步了解制作视觉卡片的基本原则。

知识普及11

制作视觉卡片的基本原则

第一，尽量使用横向排版。因为即使是一张A4大小的白纸，横向的宽度在画树形图时也会经常不够用。更重要的原因是，横向摆放的纸张更能刺激人的形象思维。脑神经专家曾经做过一个PET实验，这种核医学成像技术的全称叫作“正电子发射计算机断层扫描”，其功能与我们常说的CT（计算机断层扫描）十分类似，相当于一个3D照相机，能够为医疗诊断和科学研究提供人体任何一个部位的三维图像，显示出器官运转的活跃程度。总而言之，专家就是希望通过这种成像方式来观察人脑对竖向和横向排版的不同反应。结果显示，即使用于测试的纸张完全空白，我们的大脑还是会对其放置的方向做出反应。一旦纸从竖向转为横向，大脑负责形象和创造性思维的区域就会更活跃。这一反应其实源于我们在幼年时建立的条件反射：所有竖向放置的纸几乎都是事先画好了横线，用来写字的。所以，我们的大脑已经把这种横窄竖高的纸张与线性的语言思维联系在了起来。那么，横向的白纸会让你联想到什么？没错，就是美术课上用来画画的素描纸、画廊里的油画或者摄影作品。我们要充分利用这种已经建立起来的条件反射，更好地刺激自己的形象思维。

第二，始终把文章的主题写在白纸的正中央。顾名思义，发散性思维必须有一个起点。我们的大脑会自然而然地把抽象的起点与物理意义上的中点联系在一起，如果你一下笔就把整个视觉卡片的中心词写在白纸的左上角，就相当于又回到了线性思维的框框里。如果你最初不习惯这种排版方式，那就试着用彩笔写下这个中心词，颜色可以从另一个侧面刺激你的视觉神经，帮助你养成新的思维习惯。此外，我们的双眼天生就比较容易注意到彩色的物体。当你以后用这张视觉卡片来复习时，双眼也会第一时间定焦在最重要的中心词上，然后大脑会不知不觉地以此为起点，调动发散性思维，按照逻辑层次逐一回忆起剩余的枝叶。在培训班上，经常有学员提出类似的问题：怎样才能利用视觉卡片帮助记忆？怎样才能让视觉卡片上的信息“自己找上门来”，而无须我们从满脑子的记忆里大海捞针？答案其实很简单。既然叫作视觉卡片，其神奇之处就在于能够刺激我们的视觉感官。你在制作的过程中运用的视觉元素越多，你的记忆就会越深刻。使用不同的颜色、不同的字体、不同的粗细笔画、不同的附加符号，只要你想得到的办法，都可以一股脑儿地用到自己的视觉卡片上。你或许会觉得这些都是小姑娘写写画画的玩意儿，与理解文章毫不相干，但这些额外的信息其实就是最显眼的标签，能够让你在回忆的过程中产生联想，理解起文章的内容来自然也更容易。

第三，结构清晰的主干。说得具体一些，就是文章一共有几个最重要的信息点，你的视觉卡片上就应该有几个最显眼的主干。请你在阅读的同时有意识地考虑这个问题，尽量在第一遍阅读完成的时候就形成大概的印象，画出头几个主干。此外，不要完全忽视顺序，虽然我们要尽量避免线性思维，但是作者既然按照某个顺序来叙述同一层次的内容，一定有他的考虑。按照个人的习惯，我会把第一条主线画在白纸的右上角，然后按顺时针方向依次画出其他主线。第二层及第三层的信息也大致按照这个原则来处理。

第四，把所有文字都写在线上。我们之所以要制作视觉卡片，就是因为要按照文章内容的逻辑关系把所有信息都系统地梳理清楚，主干归主干、分支归分支，与之一一对应的文字内容也应该写在正确的位置上。如果我们任由信息在页面空白的地方随意晃来晃去，显然就毫无意义了。你可以把整张视觉卡片想象成一棵大树，有了树干和枝条还必须有叶子和果实，现实生活中可没有叶子或者果实会脱离树干，就那么自顾自地飘在空中吧？

第五，字迹必须工整。制作视觉卡片可不是为了练草书。因为潦草的文字必须首先经过左脑的识别，才能在右脑中形成图像而被理解。只有工整的文字才能在阅读的瞬间形成一幅完整的图像，使卡片产生整幅图片的效果。我们制作视觉卡片的另一个目的，就是要让自己在日后复习时，无须重读文章，只需瞥一眼卡片即可迅速激活记忆，调出相应的信息。如果大脑从一开始就因为字体过于潦草而无法处理卡片上的信息，我们显然就无法达到这一目的了。从这个角度来看，字体不够工整的视觉卡片其实和传统的线性笔记没有太大区别。

第六，善用箭头和连线突出各点之间的逻辑关系。视觉卡片上的内容除了作者明确写出的关键词，还应该包括文章各个重点之间暗含的逻辑关系。这一部分内容就得靠我们自己的理解和分析了。如果你在制作视觉卡片的时候注意到这一点，就不得不深入思考读到的内容，理解这些内容并转化成自己的知识。线性阅读的方式是无法达到这一效果的。

第七，多用符号和插画。很多人看到这一点的第一反应就是："我可不会画画！"大家尽可以放心，视觉卡片是给自己看的，就算画得再难看也不会吓到别人。至于哪些内容需要利用图像信息来表达，就是个人的喜好问题了。总的原则是越显眼越好，用到的颜色越多越好。练习得多了，你自然会找到一套最符合自己思维方式的方法，比如，箭头代表因果关系、加号代表并列关系、闪电代表例外的情况、笑脸代表赞成或者优点、哭脸代表反对或者缺点……初学者的视觉卡片上通常密密麻麻地全是字，可是只要习惯了这种抽象的表达方式，你的视觉卡片就会变得一目了然，更有利于理解和记忆。如果刚开始总觉得纸上的位置不够用，或者遇到范围太大的话题，我建议大家使用A3的白纸，也可以用透明胶把两张A4纸横向粘在一起。

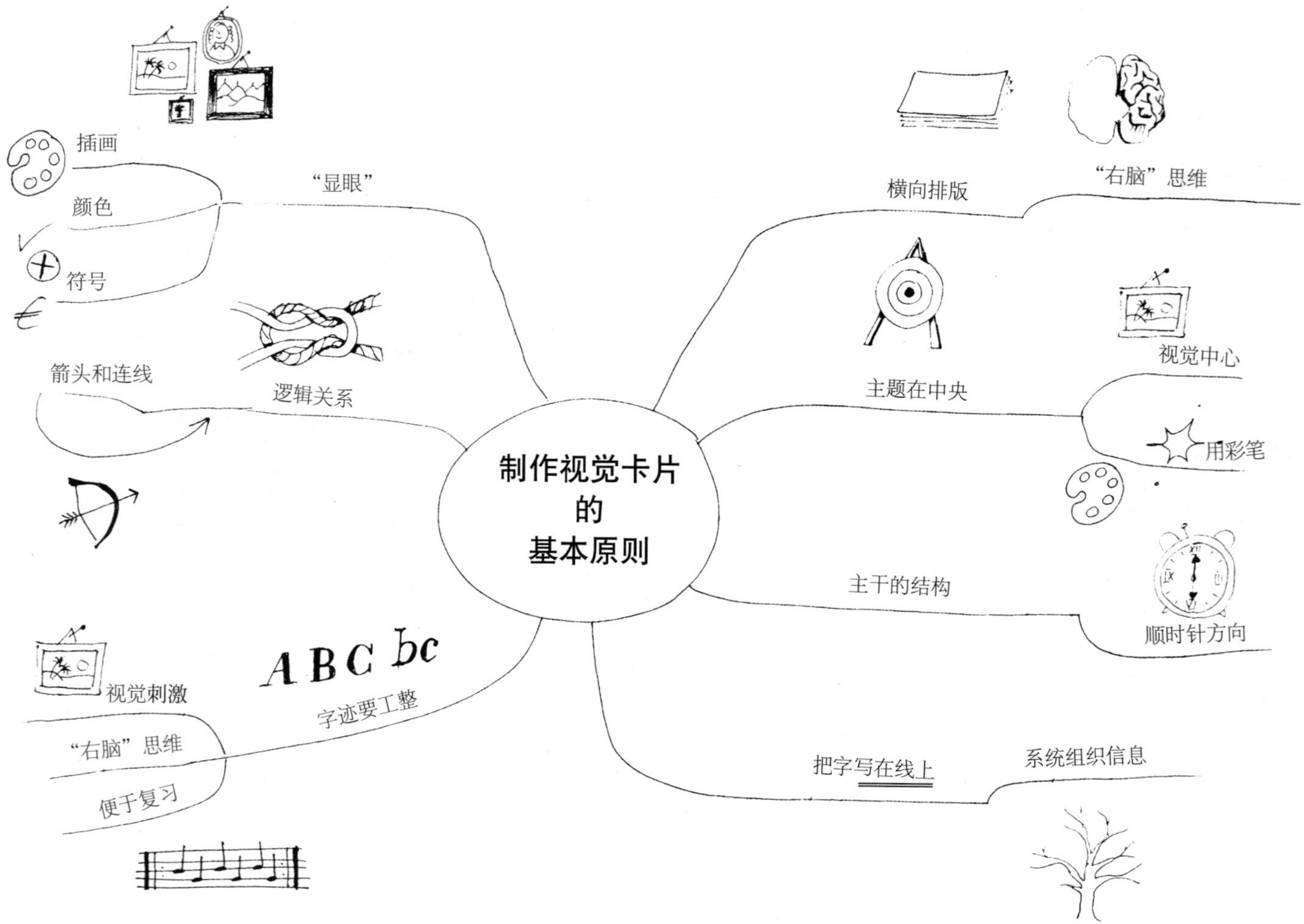

图7–8　制作视觉卡片的基本原则

现在，轮到大家来实际操作一下了！

实用练习19

逐段制作视觉卡片

请阅读以下段落，试着阅读一遍就总结出其中的要点及逻辑关系。然后，在每段下面的空白区域画出自己的视觉卡片。绘制卡片的时候一定要把文字内容盖住，不准偷看！即使实在想不起某些内容，也不要马上回过头去找答案。写完了自己记得的所有内容以后，重读一遍文章，把视觉卡片补充完整。如果第二遍阅读还是没能完成任务，就按照同样的方式再读一遍。一定记得要把画图和阅读这两个步骤严格分开！

这个练习一共有5段，请大家尽量抽出一段完整的时间一气呵成。

人体合成神经递质主要依靠4种营养物质：维生素、矿物质、氨基酸和脂肪酸。其中最重要的维生素是维生素C、维生素E和维生素B族，最重要的矿物质则是铁和锌。

跑步能够从以下三方面改善我们的血液健康状况。首先，跑步降低血脂的效果比节食或服用任何药物的效果都要明显得多。血液中的甘油三酯水平会下降，健康的高密度胆固醇HDL会增加。此外，跑步还能降低体内的尿酸水平，起到预防痛风和动脉硬化的作用。最后，血液中的胰岛素也会明显减少。胰岛素的减少一方面能够有效预防老年糖尿病，另一方面也能更好地保护神经和血管。

大多数人生来就有“左转基因”。基于这一原因，许多超级市场都把购物通道设计成逆时针方向。研究证明，这种设计能让顾客感觉更加舒服，不知不觉地选购更多商品。此外，运动场上的跑道和大厦入口的旋转门也大多设计成逆时针方向。在沙漠里迷路的人之所以不断绕圈，就是因为我们在缺少方向指示时会不自觉地向左转。

一说到斗牛，大多数人第一时间就会想到那块红布。但是，公牛一见到红色就会发飙的说法其实是毫无科学依据的。斗牛场上的公牛之所以会做出如此激烈的反应，一方面是因为斗牛士不断地抖动手中的布，做出挑逗性的动作；另一方面是因为公牛受到了长矛的攻击。斗牛的红布之所以是红的，主要是因为红色会让人联想到鲜血，可以充分调动观众的情绪，营造刺激的气氛。人类的视网膜上有3种感色细胞，可以分辨红、绿、蓝三原色。但公牛和大多数哺乳动物一样，并没有这种辨色能力，所以它们实际上都是色盲。

堪培利开胃酒之所以呈现鲜艳的红色，是因为其原料中含有虱子的粉末。这种红色的天然色素全名叫胭脂虫红色素，其主要原料是一种明胭粉蚧类虱子，俗称胭脂虫。这种虱子主要寄生在仙人掌类植物上，经过人工采集、净化、烘干与研磨，就可以用作天然色素了。

参考答案：

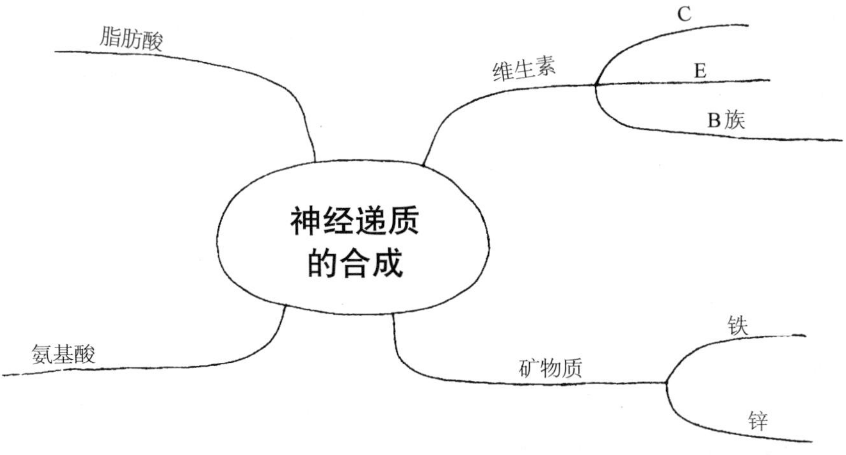

图7–9 “神经递质的合成”视觉卡片

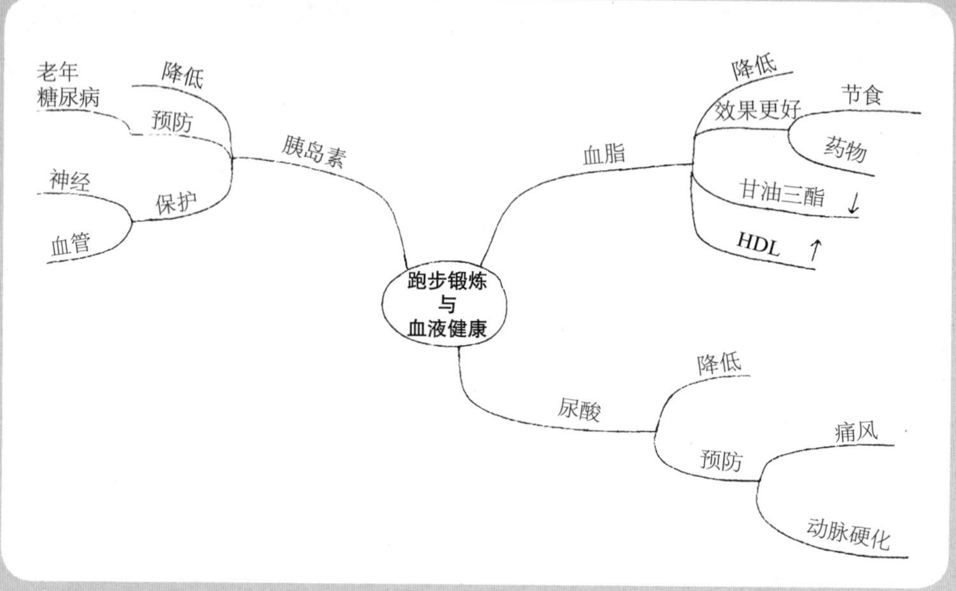

图7-10 “跑步锻炼与血液健康”视觉卡片

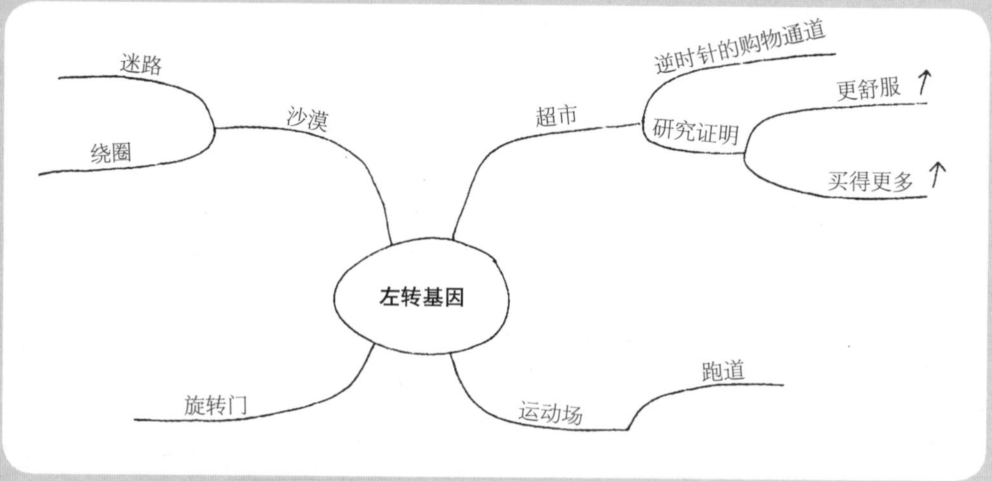

图7-11 “左转基因”视觉卡片

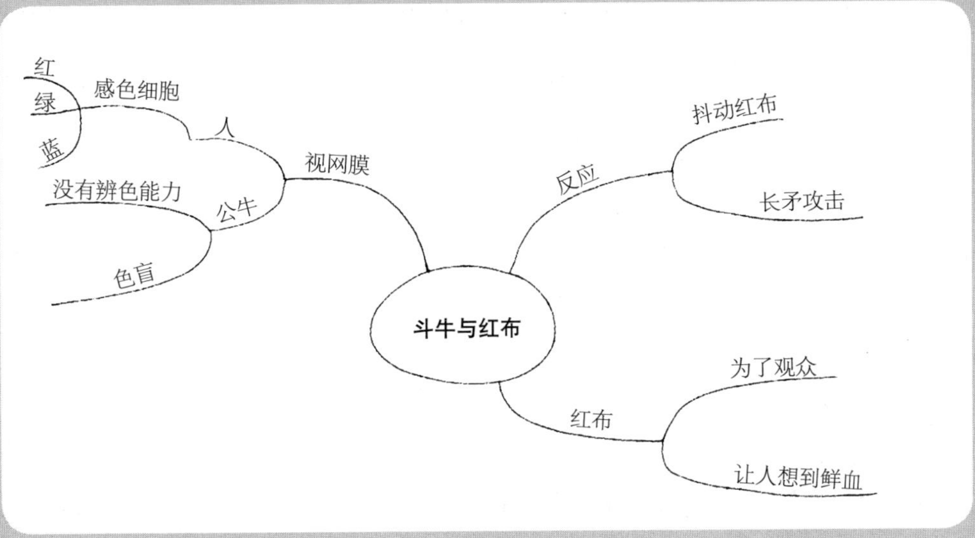

图7–12 “斗牛与红布”视觉卡片

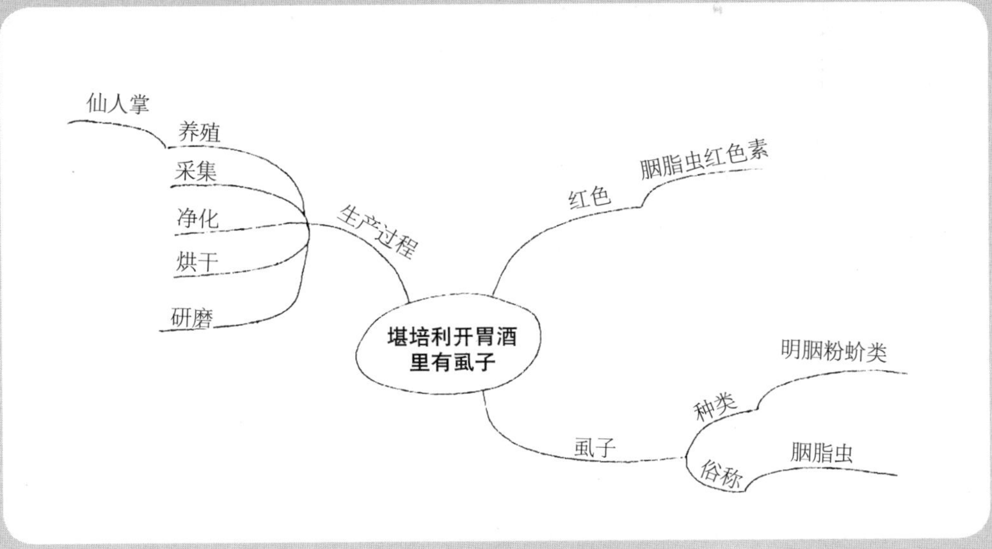

图7–13 “堪培利开胃酒里有虱子”视觉卡片

我们在上一章曾经讲到，有明确的目标是成功的一半。因此，在进一步探讨视觉卡片这个话题以前，我还是希望大家先停下来思考一下，自己究竟为什么要学习这一阅读方法。如果你还是学生，阅读的重点想必是学习新知识、准备考试，那么你应该养成制作视觉卡片的习惯，把它当作每次阅读的必要环节。这样一来，平时日积月累的视觉卡片能让你在考试之前拥有足够多的复习材料，整个知识网络都信手拈来。但如果你是上班族，只是希望自己的阅读理解能力再上一个台阶，那你就大可放松一点儿对自己的要求，只把视觉卡片作为阅读训练中的一个手段。制作视觉卡片的过程，其实是我们强迫自己的大脑主动思考的过程。要想准确地把握作者的整体思路、梳理出文章的脉络，我们必须学会在阅读的同时完成思考的步骤。因此，每制作一张视觉卡片，我们的大脑就会形成新的神经树突联系。等到这种能力达到潜意识下操作的程度之后，我们就自然能在脑子里形成一幅类似视觉卡片的图像了。万一某天状态不好，只是迷迷糊糊地看完一篇文章，我们反而会觉得不舒服，会明确地意识到自己没有积极地调动思维，完整理解文章的意思。这相当于我们有了一个内在的监督机制。不过，无论你属于哪一类读者，下面这个基础练习都能帮助你进一步提高制作视觉卡片的能力，让你的大脑逐渐养成主动思考的习惯。

实用练习20

10分钟练习

顾名思义，这个练习的时限是10分钟。请打开你的“练习书”，任意选择一个中等长度的段落，然后用现阶段的正常速度来阅读这一段落。读完以后，请合上书本，根据自己的理解和记忆画出一张视觉卡片。完成以后，马上打开“练习书”，选择下一页的一个新的段落重复刚才的练习步骤，直到10分钟计时结束。请你把这个练习加入每天的训练计划，在下面的空格中记录每次练习的日期和每次完成的卡片数量，争取每次练习都至少多做一张卡片。

日期	数量

图7-14 “10分钟练习”成果记录表

为了在同样的时间内制作尽可能多的视觉卡片，你首先要注意保持较快的阅读速度，并且学会在阅读的同时把握段落大意，完成视觉卡片的构思。在绝大多数情况下，每段的中心思想都会是段首的第一句，而抓住作者论述的要点是高效阅读的关键。有了这个思维起点，我们的大脑就能更加轻松地梳理出下一层次的内容结构，展开发散性思维。只要长期坚持训练，这种思维方式就会成为潜意识下操作的能力。到了那个时候，你就能不知不觉地把握全文甚至全书的逻辑脉络，轻轻松松地跟着作者的思路制作出一张完整的视觉卡片了。

整篇文章练习

是时候进入下一个训练阶段了。在接下来的练习里，我们将集中精力，训练自己理解较长篇幅文章的能力。

实用练习21

给一整篇文章制作视觉卡片

请你首先阅读一遍下面的文章，然后把书合上，试着梳理出整篇文章的脉络，把全文的内容浓缩到一张视觉卡片上。我们之所以要制作视觉卡片，并不是要训练自己在文章中快速寻找信息的能力，而是要脱离文章，训练自己的抽象思维能力和记忆力。所以，千万要记得分清正常阅读和制作视觉卡片这两个步骤。

借助视觉卡片培养记忆力

视觉卡片这种阅读辅助工具之所以能够帮助大脑记忆，首先是因为我们在制作视觉卡片的过程中必须深度处理读到的文字信息。传统的笔记只要求我们按照要点在文章中出现的先后顺序将其逐一摘抄下来，属于线性的重复劳动。与之相比，制作视觉卡片的挑战则大得多。我们必须在大脑中形成一幅完整的二维图像，再现整篇文章的逻辑脉络。有了这个主动思考的过程，我们才能更加明确自己的阅读目标，文章的内容自然也记得更加牢固了。

此外，总结关键词能够帮助我们的大脑更好地储存信息。我们对一本书或是一场讲座的记忆，往往取决于我们对关键词的把握。只要总结得当，有时仅仅一个关键词就足以概括一整段内容。在学校里，越是乖巧的学生越喜欢在笔记本上整整齐齐地抄下一大堆老师的原话，殊不知，如此大量的线性文字反而会阻碍右脑的工作。

只要回想一下当初背诵课文的经历，你就会发现，要让大脑死记硬背完整的句子是多么困难的一件事。

摘抄原文虽然可以保留更多的细节信息，但对于记忆来说，效果却往往难尽人意。那些看似偷懒、仅仅写下零星几个词的人，反而能够记得更多、记得更久。这是因为他们懂得把握重点，利用有限的关键词把读到的内容与自己原有的知识结构结合在一起。有了这些，我们在日后复习的时候自然会感觉轻松许多。

想象一下，一群朋友站在一起聊天，突然有人叫你讲个笑话。一时之间，你的脑子肯定一片空白。但如果有个朋友突然想起来你曾经讲过一个很好笑的关于青蛙的笑话，他会提醒你："就讲那个青蛙的笑话吧。"仅仅是"青蛙"这一个关键词，就足以让你想起整个笑话。而且，不管这个笑话多长，只要想起一个具有代表性的关键词，整个笑话的内容就会马上浮现在脑海中。

学习其实也是同样的道理。只要你学会了本书中介绍的所有方法，以后就再也不需要反复死啃同一篇文章或是同一本书了。当然，如果为了进一步加深理解，寻找更深层的启示，那么重复阅读经典作品还是很有意义的。在后面的内容中，我们将介绍"3–2–1练习"的升级版本。通过这个练习，你将来只需通读一遍文章，就能够达到较高的理解程度。不用反复阅读，读书所需的时间自然会缩短许多。你的书桌上不会再堆满各种各样的报纸、杂志、文件和书籍，取而代之的是小巧精炼、易于携带的视觉卡片。要想做到这一点，你必须学会在阅读线性文字的同时，有意识地搜索关键词，挖掘出有用的信息。如果我们只在大脑里存储很长篇幅的原文，记忆就会受阻。每次复述的时候，大脑不得不额外完成一次搜索关键词的工作，这也是我们常常抱怨自己记忆力不好的根本原因。只要学会了充分利用关键词，一切都会变得简单轻松。

摘录关键词的要领是：浓缩的就是精华！至于哪些才是精华，怎样才能培养如此敏锐的洞察力，我们可以在"制作视觉卡片的基本规则"中找到详细的解答。总而言之，如果说关键词是枝干，那么文章的所有信息就是长在枝干上的树叶。只要我们在回忆的时候激活记忆中的关键词，就能顺藤摸瓜，逐一联想起文章中的所有线性信息。

但是，光有关键词还不够，我们还需要建立起一整套科学的记忆管理方法。如果你只是根据文章内容制作了一张视觉卡片，过了几个月后再回忆当初读过的内容，肯定还是会有点儿难度。问题就出在记忆管理上。首先，你必须重新找到一定的节奏，激活大脑里的关键词。不过不要担心，这一激活过程所需的时间绝对比重读文章要少得多。其次，我们还需要在大脑中建立一个系统的“记忆文件夹”，把各种各样的信息分门别类地储存起来。在第三阶段的训练中，我们将详细探讨这方面的内容。只要你完成了这一阶段的训练，有了一套适合自己的科学记忆管理法，过目不忘就不再是难以想象的“特技”了。

再次，我们只有把关键词系统地组织在一起，大脑才能轻松地产生联想。正如我们先前讨论的知识结构一样，记忆的储存也需要一定的结构。在视觉卡片里，最重要的信息点都围绕在中心词的四周，以发散的方式与之相关联。与线性的笔记相比，以发散的方式呈现出来的信息更加系统，且没有其他非重点信息的干扰，因此更有利于大脑识别关键词之间的逻辑关系，进而产生联想。

视觉卡片的最后一个优点在于其独特的图像表现形式。每一张视觉卡片都是我们自己一笔一画制作出来的。所以，其整体形象更加符合图像的特征。当然，如果能够加上一些醒目的插画，就更能刺激眼球、增强记忆了。

现在，请你合上书本，根据上文制作一张视觉卡片。全部画完以后，再与下页的示例图进行对比。请记住，任何方案都没有对错之分。你当然可以根据我的建议做出修改，不过我更希望你能通过对比，找出自己思维的独特之处，甚至发现自己的某些处理方法比我的建议更加有助于你的理解和记忆。

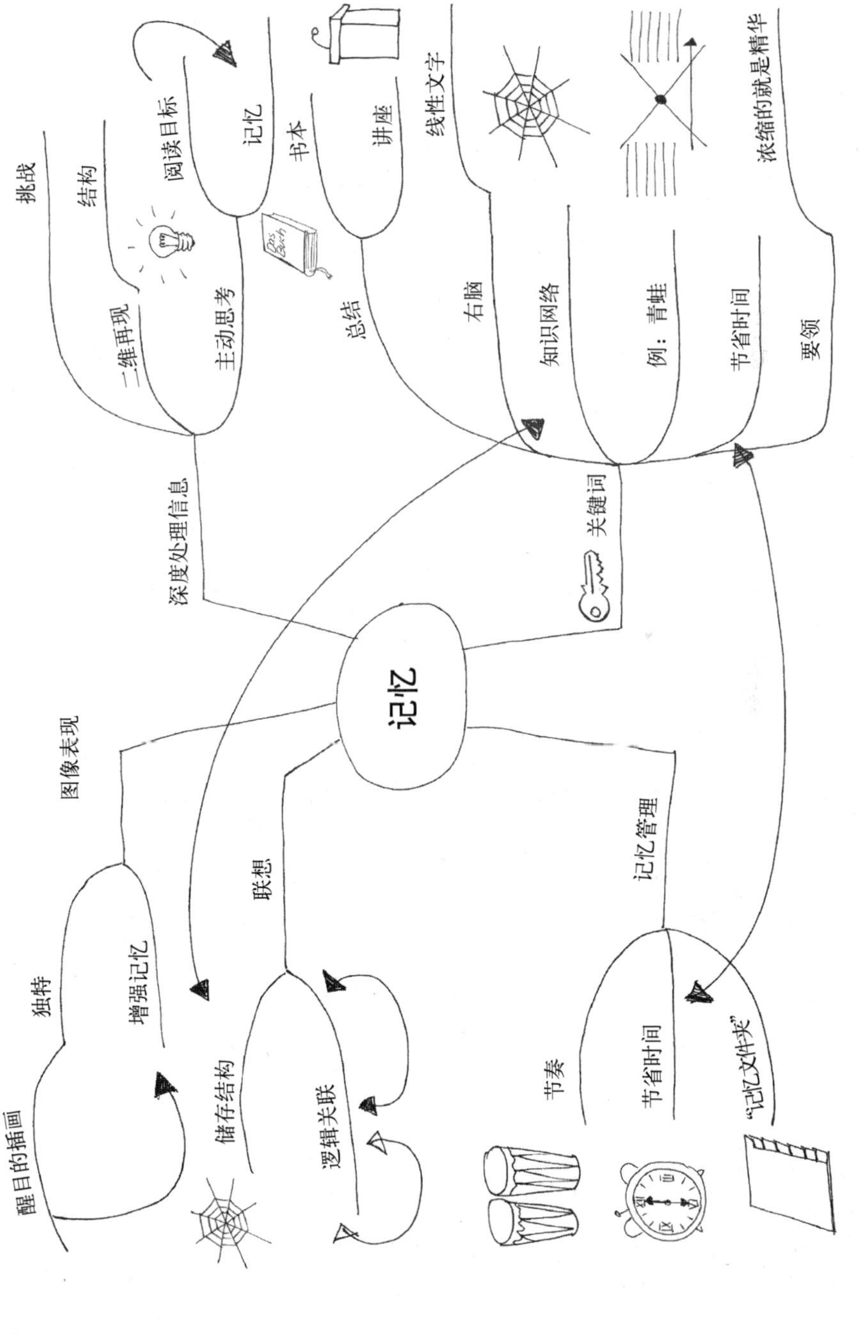

图7-15 “科学记忆管理”视觉卡片

突然一下从段落升级到一篇完整的文章，肯定会有点儿难度。制作视觉卡片看上去非常简单，但真要动起笔来，你会发现许多细节都不好把握。我们不仅要清晰地梳理出文章的整体脉络，还要总结出各个层次的关键词，找出各关键词之间的逻辑关系，这样才能在大脑中形成整个图表的框架，顺利地把现有的文字信息转换成发散性的图像信息。以上这3个步骤不仅是制作视觉卡片的关键，还是对我们学习能力的考验。

不过，这一切努力都是值得的。通过这3个步骤，大脑就在无形中完成了深度处理信息的工作，阅读的收获大大增加。而且，为了完成这么有挑战性的工作，大脑不得不充分调动其126神经比特/秒的信息处理能力，从另一个侧面帮助我们在阅读时集中注意力。最后，制作视觉卡片还可以代替复述，起到检查理解程度的作用。与之相比，传统的书摘笔记简直是在浪费宝贵的时间和精力。

如果你现在不知从何写起，也不必过于担忧，这恰恰说明你需要更多的练习来提高自己的阅读能力。只要积极地看待这个问题，你就可以转忧为喜，从中获取更大的动力。

实用练习22

更多的视觉卡片练习

请你翻回到前面，重读一遍《有氧慢跑的益处》和《科学饮食，维持大脑的正常运转》这两篇文章。用我教给你的方法制作两张视觉卡片。我已经在后面两页里给出了相应的画法建议，请大家先独立完成自己的视觉卡片，再与我的视觉卡片进行比较。

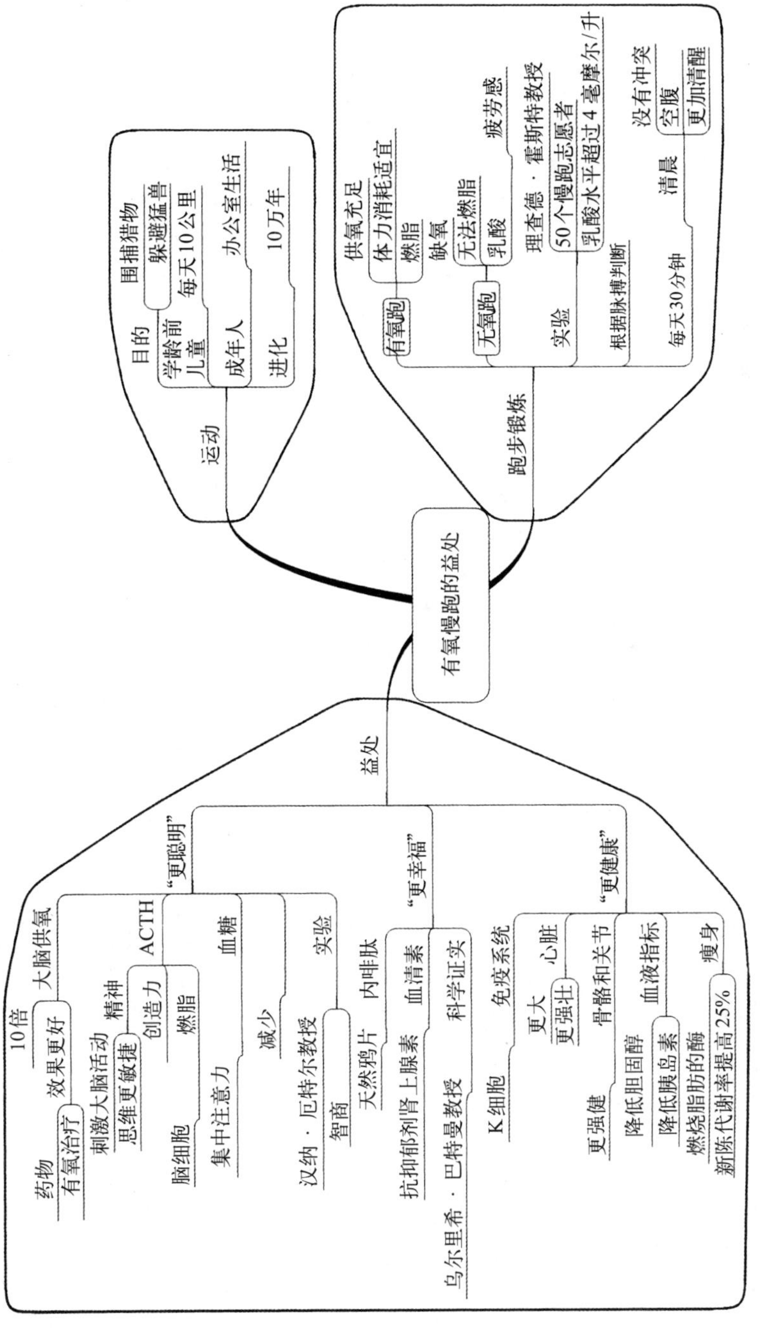

图7–16 "有氧慢跑的益处"视觉卡片

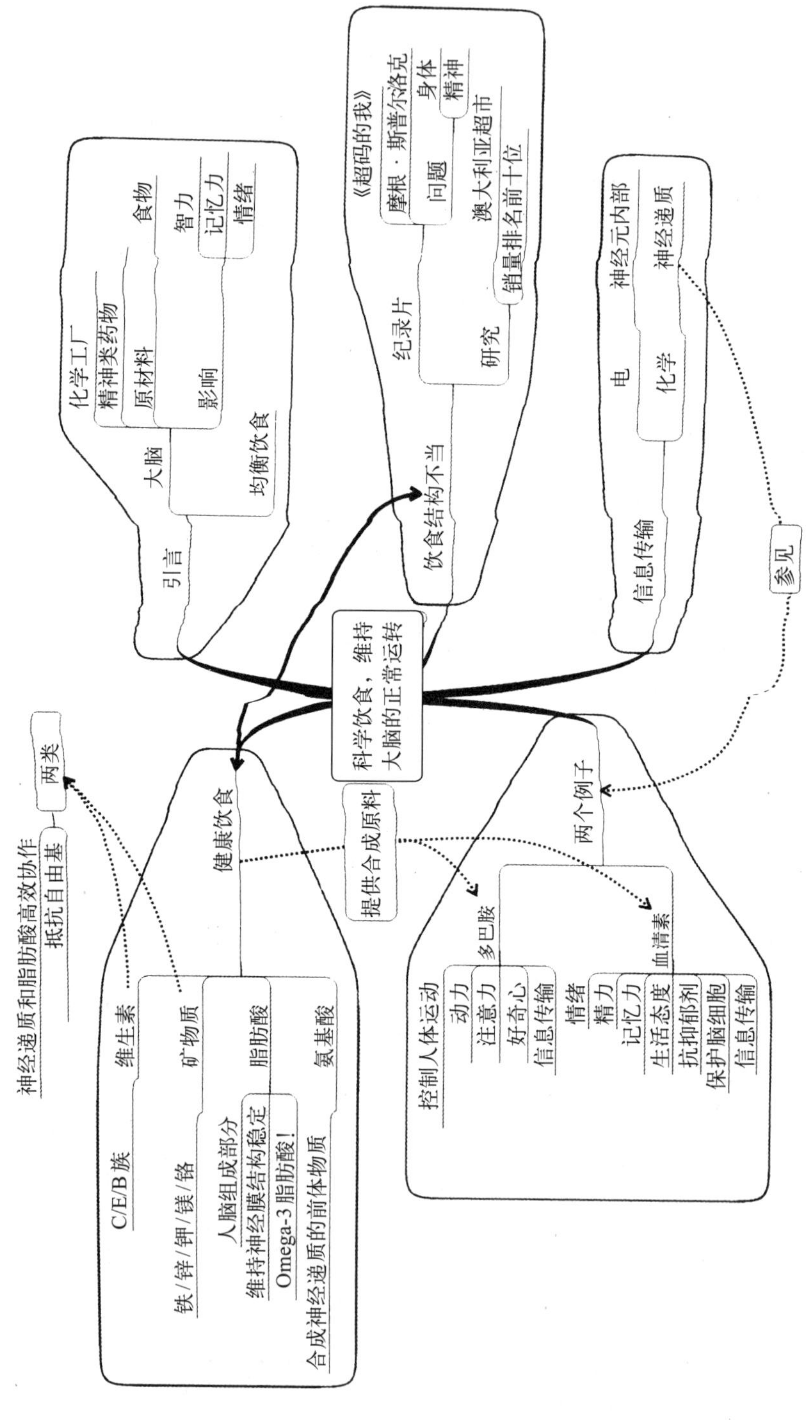

图 7-17 “科学饮食，让大脑健康运转”视觉卡片

实用练习23

“3–2–1练习”升级版

还记得“3–2–1练习”吗？我相信，现在这个练习对你来说已经是小儿科了。现在，我们要升级这个练习，给你的训练计划增加一点儿难度。从今天开始，请你每次在完成3分钟的第一遍阅读后，都暂停一下，试着根据现有的记忆制作视觉卡片。在制作的过程中有意识地总结自己的理解和记忆缺口，然后带着这些明确的目标开始第二遍阅读。利用第二遍阅读的收获补充刚才的视觉卡片，如果还有遗漏，就再用1分钟的阅读时间将其补充完整。最后，完整重读一遍文章，检查一下自己的视觉卡片是否完整，并估算出自己的理解程度。

这个练习能够非常有效地提高你梳理文章脉络的能力。此外，我们之前提到的“高速公路效应”也会起作用。只要你习惯了在如此紧迫的时间里梳理文章脉络，平时的阅读理解和记忆就会变成小菜一碟。这种改变虽然不会在一夕之间发生，但当你真正感觉到自己的进步时，肯定会大吃一惊。

整本书练习

接下来，我们又要面临新的挑战了！请你试着为自己的“练习书”制作一张视觉卡片。不要担心，我不是让你一口气仔仔细细地读完整本书。你只需用快速浏览的方法通读全书，然后看着目录来制作自己的卡片就可以了。整本书的内容比之前讲到的段落和整篇文章的篇幅都大得多，因此我们在制作视觉卡片的时候也可以忽略绝大部分细节，重点把握宏观结构。通过这个练习，你可以有意识地感受一下段落、整篇文章和整书练习的不同特点，在以后阅读的时候就可以根据不同的阅读目标制作有针对性的视觉卡片。比如，在阅读非常重要的教科书时，你可以先给整本书制作一张视觉卡片，然后再给每章制作更细致的视觉卡片。如果信息点还是太密集，那就再以每节为单位制作更详细的卡片，以此类推。这种系统的处理方式能够帮助你在掌握全书整体结构的同时了解重要的细节，是一套绝对高效的信息管理方式。

实用练习24

给本书制作一张视觉卡片

除了自己的“练习书”，你还可以给本书制作一张视觉卡片，看看自己对本书的整体理解如何。

学科练习

继续加油，还有最后一步！对于一个学科来说，视觉卡片也是一种十分有效的记忆辅助手段。它能够帮助我们理清思路，更好地掌握整个知识体系。

案例示范2

一个学科的视觉卡片

假设你是一个法律系的学生，两个月以后就要参加全国统一的司法考试。现在，你手上正拿着一本法律专业书籍。一般人都会觉得："这有什么好说的？赶快看书最实际。"但我的建议是，请你在读书之前，先梳理一下所有的知识点。

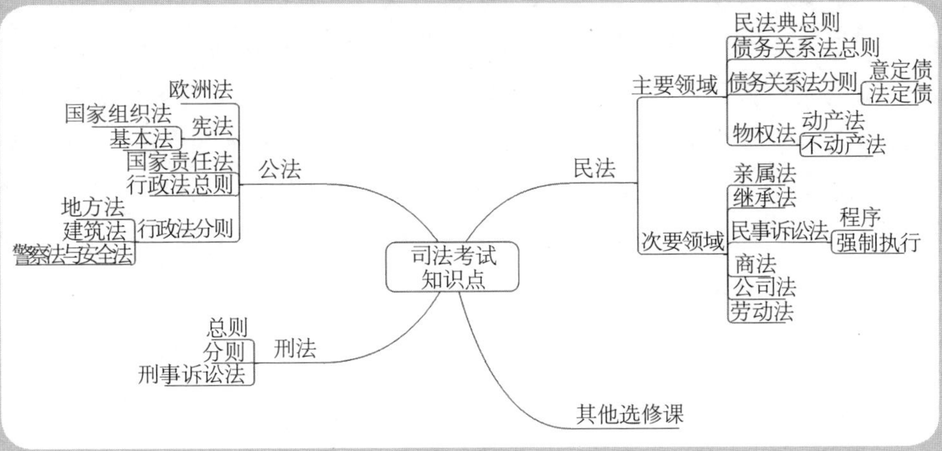

图7–18 "司法考试知识点"视觉卡片

每一本书都从属于某个领域，把握住这个领域的整体结构，才能明确自己将要读到的内容在整个知识结构里的位置和重要性。尽管这种囊括整个学科的视觉卡片内容十分笼统，但准备好了这一步，我们才能搭起一个框架，进一步用每本书里的每个章节来逐一丰富自己的知识结构。

知识普及12

用电脑制作视觉卡片

对于初学者来说，利用Freehand这类的免费软件来制作视觉卡片，也不失为一种不错的选择。因为，我们现在还不能一步到位，在下笔之前就想好每个分支所需的空间位置和每个关键词的措辞。在电脑上，我们可以完全避免这种来回涂改的问题。不过我还是想提醒一下大家，一般人都以为电脑操作的效率比较高，其实不然。用电脑制图的时候，我们很容易陷入格式的陷阱，一心只想着把图画得好看一些，却忽略了最重要的思考过程。此外，手绘的卡片，尤其是手写的字体，更容易被大脑识别成图像信息，加上自己独创的符号和插画，更能够刺激我们的视觉感官。所以，还是请大家尽量亲手绘制视觉卡片。在培养阅读能力的同时享受动手做的乐趣，何乐而不为呢？

本章要点：

- 只有积极地调动大脑资源，才能实现深度理解。所以，尽量充分利用大脑126神经比特/秒的信息处理能力。
- 阅读高手在阅读的同时就能把握文章的整体脉络。
- 要想培养这种把握全文脉络的能力，就要多制作视觉卡片。阅读线性文字与制作发散性图像相结合，才能在最大程度上激活自己的视觉感官。"10分钟练习"就是培养这方面能力的最佳练习。
- 视觉卡片是作者和读者之间的沟通桥梁，这种信息转换的过程完全符合人脑的自然思维方式。
- 要想把握一本书的脉络或是整个学科的知识架构，也可以利用视觉卡片。
- 在"3–2–1练习"升级版中，加入了"制作视觉卡片"这一环节。

第八章

增强记忆力

请大家带着以下问题继续我们的旅程：

- 怎样增强记忆力？
- 确定阅读目标对增强记忆力有帮助吗？
- 为什么我们要在阅读的同时激活自己的知识储备？
- 复述文章对增强记忆力有何帮助？
- 如何运用身体的五大感官帮助记忆？
- 如何记忆抽象的信息？
- 怎样加深对读过的文章的印象？

在登山的旅途中，我们已经走过了提高阅读速度、集中注意力和培养理解力这三个重要阶段。只要再完成最后一项任务——增强记忆力，就可以顺利登顶了！前面已经简要地提到了一些关于记忆力的内容。我们曾经讲过，人脑最擅长的记忆模式就是从某个特定的关键词出发，激活一整幅图像，然后再顺藤摸瓜地回忆起其他一连串的关键词，进而重现整篇文章的重点内容。视觉卡片这种辅助工具恰好能创造上述所有条件，为大脑的长期记忆打好基础。但增强记忆力的方法远不止视觉卡片这一种。在本章里，我会介绍更多增强记忆力的相关小窍门，让大家在现有的基础上更进一步强化自己的阅读能力，从根本上培养并增强记忆力。

跟前面几个章节一样，我们首先要从那些阅读高手身上找可取之处。只可惜，我们无法直接从他们口中得到令人满意的答案，他们只会说："我一向都是这样读书的。"没错！所谓的"一向"就说明这种阅读方式已经成了他们固有的行为模式，是他们自然而然或潜意识的习惯。因此，我想再强调一下上一章的一句话，并且希望大家带着这句话跟我一起进入登山之旅的最后一段：**只有习惯成自然的潜意识操作才最能代表一个人的真实水平。**

在本章中，我们要通过练习建立以下4种条件反射，并将其有机地结合在一起，养成一种全方位的阅读习惯：

- 明确阅读目标的条件反射；
- 激活知识储备的条件反射；
- 复述文章内容的条件反射；
- 回放视觉影像的条件反射。

第一节　建立明确阅读目标的条件反射

每个人都在抱怨自己的记性不好，却很少有人知道记忆力与大脑的发育程度并无直接的相关性。一个人之所以在特定的时刻想不起特定的信息，其实是因为他没有提早认识到这个信息的重要性。换言之，现在想不起来是因为当初根本没有用心记住。无论是在学校还是在生意应酬的场合，你都肯定遇到过这种尴尬的情景：一个人走过来跟你打招呼，你明明觉得十分眼熟，却怎么都想不起对方的名字。换言之，我们总是要等到这种尴尬的时候才能意识到记住对方姓名的重要性。如果我们早在第一次认识对方的时候就下决心记住那短短的两三个字，情况就会大不相同。我们可以有意识地督促自己的大脑主动处理这个信息，将原本毫无意义的姓名作为提纲挈领的关键词，结合他的相貌、身材、身份和双方结识的场合，编织出一张完整的信息网。这样一来，记忆的效果就会得到明显的改善。

知识普及13

记忆姓名的原则

记忆姓名的最重要原则是，把姓名这一文字信息与其他的形象信息联系在一起，就像在脑子里为某个人制作一张视觉卡片一样。有了视觉卡片的支持，我们就可以做到拥有长期且准确无误的记忆了。或许大家在美国的某些电视节目里看过类似的记忆力擂台赛，有的参赛选手居然可以只听一遍介绍，就一字不差地记住台下所有观众的姓名。其实，只要掌握了正确的技巧，你也可以轻轻松松地做到。没有人生来就有过目不忘的好脑子，人与人之间记忆力的差距完全在于是否采用了正确的记忆方法和科学的思维方式。我敢保证，绝大多数记忆高手原本也和大家一样，有着各种各样的记忆问题。他们之所以开始学习与研究记忆方法，就是出于对自身记忆力的不满。

目标是最关键的因素。我们要在接收到某个信息的同时做出明确的决定，告诉自己：我要记住这个信息。这句话听上去的确有点儿像废话，你或许会想，什么叫作“我要记住”呢？我可是从来都决定记住书里的每个细节的，但没有一次能顺利实现目标，为什么呢？不要着急。我的意思是，在遇见一个人的时候，我们就得有意识地强迫自己记住他的名字，而不是随便打个招呼或听到人家名字时左耳进右耳出。同样，我们在拿起一本书以前，也要先明确自己的阅读目标，抽出一点儿时间想清楚：我究竟为什么要阅读这本书？我希望得到怎样的收获？我在阅读的时候应该把重点放在哪里？与其一张嘴就说要汲取书里的所有信息，倒不如直接告诉自己：随便翻翻就行了，什么都不用记住！因为如果没有一个具体的目标，我们的大脑根本无法找到切入点而有所侧重地处理信息，结果当然什么都记不住。所谓的“要记住所有信息”，实际上只是因为懒惰，不愿意充分思考阅读的具体目标，随口说说而已。

知识普及14

明确阅读目标的好处

在一项阅读测试中，研究人员把受教育程度相近的两组实验对象安排在一起，要求他们阅读同一篇篇幅较长的文章。研究人员告诉第一组实验对象，他们的阅读任务是梳理整篇文章的内容脉络；另一组实验对象则只需关注文章的某一个主题。阅读完毕以后，两组实验对象拿到了一模一样的问题，这些问题涉及整篇文章的内容。大多数人都会想当然地以为第一组实验对象略占优势，因为他们没有受到研究人员的引导，不会忽略其他部分的内容。但测试结果显示，第二组实验对象的理解和记忆程度远远超过第一组。

从这个实验我们可以看出，集中注意力关注某个特定的主题，可以让大脑在阅读的过程中更加积极主动地思考读到的内容。由于文章各部分内容都是相关联的，所以我们在关注某个特定主题的阅读过程中，其实也会有意无意地处理并记忆阅读目标以外的其他内容。

换言之，即使明知整本教科书的内容都是考试要点，你最好也给自己定下明确的目标，带着具体的问题来阅读。只有这样，你才能真正理解整本书的内容，同时进行深刻记忆。

第二节　建立激活知识储备的条件反射

难度再大的医学论文对于一个学医的研究生来说，也是小菜一碟。他只要用很短的时间通读一遍，就能记住大部分细节。但在门外汉看来，密密麻麻的医学专业术语简直跟天书一样。如果从未接触过某一领域，突然拿起一篇专业文章阅读，当然会困难重复。我们充其量可以复述出大致的主题，至于专业词汇、整体脉络和其中的细节，事后肯定一点儿印象也没有。这就说明，一个人对一篇文章的记忆程度关键取决于他对该领域的相关知识储备。

知识普及 15

知识–学习时间曲线

在前面我们已经讲过“能力–练习时间曲线”，证明学习一种技能的过程就是突破一个又一个平台期。但在图 8–1 这幅知识与学习时间的对应图中，我们看到的却是一条类似幂函数的圆滑曲线。

图 8–1　知识–学习时间曲线

从这幅图里我们可以看出，在满足一定的学习时间以前，知识储备量的上升曲线的走势非常平缓，这就是俗话说的“万事开头难”。每当进入一个全新的领域，我们必须投入很多的时间和精力，才能获取大量的基础知识，逐渐了解其总体架构。当到达一定的阶段之后，随着学习时间的增多，我们掌握新知识的效率就会越来越高。这个过程就像滚雪球，滚得越大就越轻松。

由此看来，找到正确的阅读节奏非常重要。阅读专业书籍时，我们首先要大致浏览一遍，找出其中的导论和基础知识部分。遇到理解的难点和重点，就标记下来，等到弄懂了基础知识以后，再回过头来仔细研读难点和重点。这种做法就相当于从知识链的两端向中间靠拢：一方面掌握基础知识，在大脑里搭建出一个大致的框架；另一方面借助已有的知识，逐一突破难点。有了这种系统处理信息的方法，我们才能用最高的效率逐步构建起整个知识架构。

尽管书中的基础与难点有时很难严格区分，但只要了解了大致的原则，我们就可以根据具体情况来安排阅读的顺序和进度。此外，很多书籍根本就不包括任何基础知识。遇到这种情况，我们就得先问一问自己，是否已经掌握了必要的背景知识。如果知识储备尚不足，最好暂时把这本较为高阶的专业书放在一边，另选一本入门教材先打好基础。有些人或许会认为这是在浪费时间，事实上，硬着头皮直接死啃那本难度较大的书，反而需要更多时间，这样不仅会打击自己的自信心，实际收获也不及这种“绕路”的方式大。

所有的知识都是相互关联的，所以我们在学习的时候也要懂得把新旧知识结合起来。学习新知识之前，先激活已有的知识网络，预留出合适的空间。然后在阅读的同时，借助新旧知识之间的逻辑关联，加深对新知识的印象、理解和记忆。如果缺少了这个步骤，我们的脑子就会变成一团糨糊，学得越多越混乱。

知识普及16

蜘蛛网与知识网络

蜘蛛网都不是完全对称的，我们的知识网络同样如此。织得密的地方就相当于我们熟悉的领域，织得松的地方则说明我们在这个领域的知识仍有较大的不足。

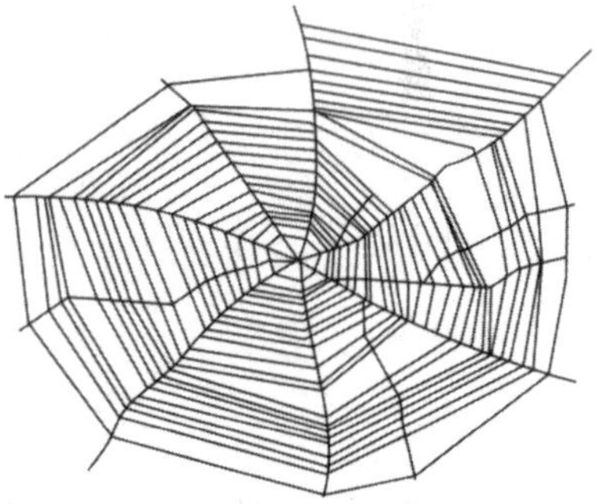

图8–2 蜘蛛网是不完全对称的

但是，任何新知识都不是凭空进入我们的大脑的。如果没有嫁接在原有的网上，刚织好的丝线就会被风刮走。如果我们只是不停地读书，却不懂得把新学的知识嵌入原有的知识网络，最终只会竹篮打水一场空。我们在网络密集的地方比较容易找到切入点，但要想在原本空白的地方从头开始织网，则需要大量的前期准备工作。这从另一个方面验证了“知识–学习时间曲线”蕴含的规律：既有的知识储备越丰富，进一步学习就越轻松。

人脑生来就有上千亿个神经元，一个人的智商和知识取决于这些神经元之间的连接程度。这些神经元之间的连接好比蜘蛛网上丝线的连接，哪个部分的丝线最多，相应的知识网络就最稠密，我们在那个特定领域的知识最丰富，处理问题的能力也最强。

为了激活知识网络的特定区域，我们在翻开书本之前首先要回顾一下自己原有的知识储备。在必要的情况下，还可以用短短1分钟的时间给自己的大脑制作一张视觉卡片，反观一下自己在这个特定领域的知识网络，思考一下要学习的新知识应该归入哪个部分。长期坚持这种做法，我们的大脑就会逐渐建立一种新的条件反射，以后每次读书时，都会自动调出相关信息帮助理解。

第三节 建立复述文章内容的条件反射

早在本书第一部分，我就讲过复述的种种益处。事实上，复述不仅是一种非常有效的自测方法，还能够在无形中帮助我们加深印象，形成长期记忆。高手在阅读时会时不时暂停一下，在脑子里默默地复述一遍刚才读过的内容，这是一种很好的阅读习惯。因为复述就是用自己的语言重新组织刚才读到的内容，属于主动处理信息，所有经过主动处理的信息都能在大脑中留下更加深刻的印象，使短期记忆转化为更加牢固的中长期记忆。此外，这种趁热打铁的做法还能帮助我们把书本上的知识应用到日后的实践当中。

知识普及 17

复述的重要性

有这样一个科学实验：两组实验对象拿到同一篇篇幅较长的文章。第一组有30分钟的阅读时间，第二组则必须在15分钟之内读完，然后用剩下的15分钟进行复述。30分钟过后，两组同时完成同一套阅读理解测试题。虽然第二组的阅读时间少了一半，无法细嚼慢咽，但他们的测试成绩却明显高于第一组。

由此看来，实际阅读时间的长短与理解程度并没有必然的相关性。就算阅读任务十分紧迫，我们也最好抽出一小部分时间，用自己的语言复述一遍文章的要点。

我们同样需要通过练习，把复述变成自己的习惯，或者说潜意识操作的能力。到了这个水平，我们无须再专门停下来思考，因为大脑会在读入信息的同时自动完成复述的步骤，不仅更加省时省力，实际效果也会更好。

实用练习25

“阅读+复述”5分钟练习

隔了这么久，终于又要用到“练习书”了！请你随意选择一个完整的自然段，先阅读一遍，然后合上书，用自己的语言复述刚才读过的内容。阅读加复述是一个完整的单元，请你在完成一个单元的练习以后，继续翻开“练习书”，开始下一个单元的练习，练习时间至少要持续5分钟。

如果能找到一个练习伙伴，就更好了。你可以先阅读一段，然后向对方复述自己刚才读过的内容，然后换对方阅读，你来做听众，以此类推。练习时间同样是5分钟以上。

这种持续的练习能够更好地促进神经树突联系的生成，让你更快养成新的习惯。请你把这个练习加到每天的训练计划之中，练习次数越多越好。此外，你还可以有意识地测试一下自己的短时记忆力，找出自己的复述间隔。下面这个练习就是针对这一方面的。

实用练习 26

找出自己的复述间隔

这个练习同样需要用到"练习书"。请你用自然的速度开始阅读，一边阅读一边在脑子里默默回想读到的内容。一旦发现自己的记忆开始模糊，就停止阅读，标记出进度，然后开始复述。如果复述顺利，就说明你已经找到自己现阶段的复述间隔了。请数出大概的行数，然后按照这个篇幅给后面的文章分段，按照这个间隔继续完成练习。当你感觉练习的难度有所下降时，可以用同样的方法再自测一下。以此类推。

随着练习次数的增多，你会发现自己的复述间隔越来越长了，而且一边阅读一边检验记忆的能力也渐渐成了习惯。最后，你会发现自己再也不用有意识地想着这件事了，到了一定时候，你自然会知道自己到了记忆的极限，需要停下开始复述了。

第四节　建立回放视觉影像的条件反射

我们经常傻傻地捧着一本书，却不知道怎样才能把书里的知识转化成自己的。每到考试之前，就恨不得把整本书一页一页地撕下来吃到肚子里。其实，接收信息和记忆信息是大同小异的。既然人脑能够通过五大感官接收外界信息，那么我们同样可以利用这五大感官增强自己的记忆力。

只要大脑得到了充分的开发，人类的记忆水平完全可以超乎想象。那些闭上眼睛就能回忆起几年前的事情，而且连最不起眼的细节都能讲得一清二楚的人，其实并不纯粹是电视剧里虚构出来的。苏联有一位名叫谢雷谢夫斯基的记者，就是这样一个记忆狂人。他从来不做笔记，却能一字不差地回忆起自己的所有采访内容；不管听过或是看过什么，他都可以毫不费力地用原话复述出来。这种神奇的能力引起了著名心理学家亚历山大·鲁利亚的注意，鲁利亚对他进行了长达数月的细致观察和研究，并将结果记录在《记忆大师的心灵》（*The Mind of A Memorist*）一书中。鲁利亚通过研究发现，谢雷谢夫斯基之所以拥有这种过目不忘的能力，主要是因为他在阅读和交谈的过程中，都会在脑海里生成相应的图像。而且，这些图像都极为清晰细致，就像一张张高分辨率的照片。此外，他还会给这些照片附上其他的感官感受，例如，四周环境的声响，自己当时的心理感受，鼻子闻到的气味，嘴里尝到的味道等。而且，谢雷谢夫斯基的这种处理信息的方式完全是潜意识的。他并没有接受过任何系统的训练，只是小时候意外地发现这种做法能让自己记得清楚一些，从而养成了习惯。

由此可见，过目不忘的秘诀就是充分结合人体的五大感官。用多个感官来认知同一个事物，相当于在大脑的不同分区中重复储存了同一条信息。具体到阅读，就是除了把读到的文字信息储存在视觉区域，还在听觉、触觉、嗅觉和味觉区域都有了备份。等到需要提取信息的时候，我们就有了5条不同却又相互连通的信息渠道。

知识普及18

注意力与记忆力

注意力也和五大感官有关。想专心致志地阅读一篇文章，我们必须把注意力都集中在文章的内容上，屏蔽其余一切干扰。可是，人体自然的工作模式并非如此。我们的眼睛或许会突然看到窗外的一只小鸟，因为运动的物体比静止的文字更有吸引力。除了类似的视觉干扰，大脑本身也经常开小差。比方说，读到书里的某些情景描述会突然想起自己去年度假的海滩，然后一发不可收拾，像回放电影一样，想到湛蓝的海水和鲜艳的比基尼。声响也会对注意力产生干扰，可能是外界的噪声，也可能是自言自语。此外，周围环境中的气味和我们自身的情绪也会分散阅读时的注意力。

因此，要想拥有超群的记忆力，首先必须解决注意力的问题。训练记忆力的练习也可以反过来提高注意力集中的程度，这两大因素绝对是相辅相成、不可分割的。

记忆力本身没有好坏之分。别人之所以比你记得多、记得牢，主要是因为他们懂得如何充分发挥自己的记忆潜能，运用五大感官帮助记忆。找到了根本原因，下一步就是进行有针对性的练习了。事不宜迟，现在就开始吧！

强化五大感官的练习有很多，我从中挑选了一个与阅读直接相关的。下面，我会通过十大行星的例子，来解释强化五大感官的具体练习方法。

案例示范3

如何让小朋友们记住九大行星的名字？

以下就是太阳系的九大行星。暂且不管其中的某些天体并不是真正意义上的行星，你现在的任务是，教会一个小孩说这些天体的名字，并且让他记住具体的排列顺序。

太阳（Sun）

水星（Mercury）

金星（Venus）

地球（Earth）

火星（Mars）

木星（Jupiter）

土星（Saturn）

天王星（Uranus）

海王星（Neptune）

在学校，老师很可能会把这9个词从左到右依次写在黑板上，然后叫小朋友们自己反复朗读背诵。现在，我们已经知道这种教学方式是线性的，根本没有用到右脑，所以效果肯定不理想。我们需要换一个办法，例如，试着给小朋友讲一个有趣的故事。

想象一下你正躺在午后温暖的阳光（Sun）下，听着佛莱迪·摩克瑞的歌。突然，爱神维纳斯（Venus）闯进了你的花园，你看到阳光穿过她金色的卷发，一袭白色的长裙在微风的吹拂下拂过她的脚面……总之，想象的画面越具体越好。你还没来得及打招呼，维纳斯就弯下腰去，抓起一把地球上的土（Earth）往你身上撒。你当然会觉得莫名其妙，气不打一处来，于是随手抄起一根玛氏（Mars）巧克力棒冲上去教训这个不知好歹的女人。维纳斯往后一闪，众神之神朱庇特（Jupiter）突然挡在了你们两人中间。你抬起头来，看着眼前这个凶神恶煞的巨人，吓得两腿直哆嗦。你看到他的脖子上戴了一根粗粗的金项链，吊坠上写着3个大写字母“SUN”，而这3个字母分别代表了他的3个助手，农神萨图努斯（Saturn）、天神乌拉诺斯（Uranus）和海神尼普顿（Neptune）。你愣在那里，不知所措。幸好，米老鼠的那只大黄狗布鲁托及时从屋子里冲了出来，它跳到巨人的脚上，狠狠咬住他的裤腿不放……

听故事的时候，小朋友们自然会在脑子里想象出一连串的画面，并且联想到太阳晒在身上暖洋洋的感觉和巧克力棒香甜的味道……对于孩子们来说，这种形象思维和联想的能力是与生俱来的，而且还没受到长期线性训练的影响。只要他以后再听到“九大行星”，眼前就会马上浮现出故事开头的画面，后面的情节自然也会像放电影一样，逐一出现在他的脑海中。对于成年人来说，这种能力还需要一定时间的练习。我们要在阅读的同时提醒自己，充分调动五大感官，借助生动的图像帮助自己形成长期记忆。

上面这个故事只是一个例子，我并不是教大家在读到任何信息的时候都绞尽脑汁编出一个荒诞的故事来。不过话虽如此，你在训练期间依然可以借助编故事的方式，有意识地训练自己的形象思维，积极调动自己的五大感官。一旦这种新的思维方式成为你的习惯，你的记忆力将从整体上得到提高。

实用练习27

形象思维练习

这个练习需要一本情节简单的小说，其中的景物描写越多越好。初次练习的时候，你也可以找一本儿童读物。千万不要觉得成年人看童话会很丢人。要知道，给小朋友们看的书往往具有内容简单、描写生动的优点，最适合锻炼一边阅读一边想象的能力，同时培养形象思维。如果为了面子，随便找本抽象的专业书籍，那就完全没有效果了。

请你先一口气读完开篇的几段，然后闭上眼睛靠在椅背上，回想一下刚才读过的内容。你可以想象自己正舒服地坐在一个电影院里，面前是一幅巨大的白色幕布。你一边回想，幕布上同步出现相应的画面。如果你还不习惯依赖视觉，那眼前的画面难免会显得模糊一些。你会感觉自己只能看到大致的影像，画面上也看不出什么动作。不要紧，这是正常现象，只要你能分辨出颜色、看到故事中的人物就已经很不错了。而且，刚开始的时候感觉越是困难，最终的收获就会越大。只要每天坚持练习5分钟，过不了多久你就会发现，自己的想象力和记忆力都有了惊人的进步。

请你把这个练习加到每天的训练计划当中。如果时间充裕，还可以每次都多练习一会儿。总有一天你会突然发现，自己居然学会了一边看书一边不知不觉地想象书里的情节，用不着刻意暂停阅读、闭上眼睛，脑海中就会出现一系列生动的画面。这说明你已经成功地建立了条件反射，具备了潜意识操作的能力。

在训练的过程中，请你把注意力集中在眼前的图像上。图像越清晰，细节越多，越有动感，说明你的进步越大。过不了多久，你就不再需要刻意想象那块幕布了，你的大脑自然会变成你的“家庭影院”。当然，其他感官也是必不可少的。同步读入及存储的信息越多，印象就会越深刻，记忆自然也越持久。不过不要忘记，最重要的仍然是视觉感官。哪怕你只能用视觉信息来代替原有的默念，阅读时的理解和记忆效果也会增加许多。

但是，和其他练习一样，请你在平常阅读的时候把五大感官和“家庭影院”这一套东西抛诸脑后。在这个阶段，你没有必要时刻想着文字与图像之间的转化，否则只会适得其反，影响你正常的阅读。只需谨记这个目标，耐心等待一段时间，你的大脑就会自动把这种新的思维方式运用到你平时的阅读中去。不过，如果你感兴趣，也可以在阅读其他书籍时偶尔尝试一下，闭上眼睛把文字描述转换为动态画面，这对记忆重点内容会有一定的帮助。不要一边阅读一边强迫自己进行形象思维。

用案例把抽象概念具象化

经过初步练习，培训班上的学员普遍反映，如果阅读简单的小说，前面所说的那一套充分利用五大感官的做法就会相对简单些。一旦遇到难度较大的专业书籍或是较为抽象的议论文，问题就来了。在我看来，这个问题的原因仅仅在于练习不足。无论是有意的还是无意的，我们都能够给抽象的概念找出对应的具体图像，否则大脑根本不可能理解。比如，大多数人在读到“自由”这个抽象概念的时候，眼前都会浮现一望无际的海面。还有些人会想起自由女神像，或是自己亲身经历过的某个特别的事件。

我们之所以会产生自己没有能力把抽象概念具象化这种错误的印象，主要是因为我们的五大感官尚未得到充分的开发，无法从几个不同的角度同步感知一个信息。由此可见，我们得先解决这个问题，才能进一步加强记忆力。提到法律这个专业，相信很多人的第一反应都是“天书”二字。我也承认，法律条款几乎是最抽象的文本。可是，自从我找到了案例分析这个方法，一切就变得简单多了。我在阅读法律条款或是法典注释的时候，习惯给每条抽象的条款都搭配一个具体的案例分析。这种做法不仅能够帮助我更加深刻地理解条款的含义，把理论与实际结合在一起，也能在很大程度上简化记忆的过程。我的建议是，不管你学的是哪一个专业，每当你遇到太抽象的文章时，都可以试着找到一个与之匹配的案例。在回忆文章内容的时候，活生生的案例绝对比死板的理论让人印象深刻。比如，如果文章里提到了“彩色的交通工具”，你就可以把自己平时在街上见到的深绿色的邮政车作为例子，两两搭配着记忆。当然，如果邮政车还能引起你的其他感官联想，就更好了。

案例示范4

抽象的故事与具象的故事

下面，让我们再来看一个有趣的小故事。

有一天，“两条腿”拿着“一条腿”坐在“三条腿”上。突然，“四条腿”跑了进来，一下子抢过“一条腿”。“两条腿”情急之下，抡起“三条腿”就朝“四条腿”砸了过去。

怎么样？这个故事够抽象吧？请问你看懂了多少呢？

现在就让我们一起来给这个故事找一个具象的版本。“一条腿”的形象理解起来有点儿困难，我们暂且把它当成一块炸鸡腿吧。“两条腿”当然是一个人。有三条腿又可以用来当凳子坐的东西嘛……我第一反应想到的是挤奶用的小板凳。“四条腿”的动物有很多，最常见的应该是狗了。接下来就是简单的一一替换了：

> 一个挤奶女工坐在三条腿的小板凳上休息，手里拿着一块炸鸡腿。她刚想咬一口，一只土狗冲了过来，把鸡腿叼跑了。女工一气之下，抡起小板凳就朝土狗砸了过去。

请你在自己的“家庭影院”里把这个故事从头到尾重放一遍，看看是不是好记多了。

善用特别的信息“编故事”

在介绍视觉卡片的时候我说过，信息越特别，越容易引起我们的注意，给我们留下的印象也就越深刻。因此，我们在运用五大感官“编故事”的时候，也要注意这一点：故事的情节越夸张越好，有可能的话，还要尽可能多地加入一些颜色、声响和气味等信息。

印象越深刻，记忆也会越深刻

一件事情或者一个人给我们留下的印象越深刻，我们的记忆就会越深刻，即使过了很久，也仍然感觉历历在目。比如，你小时候被炉灶烫伤过手指头，那种剧烈的疼痛和在医院的一系列恐怖经历会在你的大脑中留下极其深刻的印象。俗话说得好，一朝被蛇咬，十年怕井绳。从此以后，你自然会对炉灶多加小心，而且说不定一生都会记得当时的具体经历。对于阅读文章来说，也是同样的道理。只要我们在第一遍阅读的时候留下足够深刻的印象，那么以后无须重读，就能够回想起当初读过的内容。说起来容易，可究竟应该怎么做呢？我的答案还是那4个字：五大感官。

人的感官都是相互关联的，每种感官留下的记忆也是如此。所以，其实我们完全不必给整本书的每个细节都编出一个光怪陆离的故事。只要我们利用五大感官，把书中重要的部分记准了、记牢了，其他的相关信息就会跟着“沾光”，一同成为你长期记忆里的内容。等到以后要用的时候，首先想起其中最重要的信息点，我们的大脑自然就会逐渐联想起当时读到的其余内容，形成一个完整的回忆。在美国随便找一个上了年纪的人，都能回忆起当年肯尼迪遇刺的所有细节，他会告诉你具体的日期、地点、事发的经过，这是因为那个历史事件给他们留下了足够深刻的印象。“9 · 11”恐怖袭击事件对美国当今一代人的冲击同样如此，时至今日，他们肯定还能回想起自己当时看到的第一幅照片或者新闻报道。尽管当时并没有刻意记忆，但有人说不定还能想起来自己当时是在什么地方和什么人一起看到了这条爆炸性新闻的，或者自己当时穿着哪件衣服。这些就是联想记忆的体现。

本章要点：

要想从根本上提升记忆文字信息的能力，就要养成以下4个习惯：

- 阅读一篇文章或者一本书之前，必须首先明确自己的阅读目标。
- 明确了阅读目标之后，激活自己相关的知识储备。
- 在阅读的过程中，时不时暂停一下，复述刚刚读过的内容。
- 在阅读的同时充分运用自己的五大感官。人脑在接收信息时用到的感官越多，日后回忆时能调用的信息渠道就越多。此外，五大感官还能帮助我们把抽象的文字转化成具体的图像，利用特别的细节加深印象，从而形成更加深刻的长期记忆。最后，充分调动五大感官还能起到集中注意力的作用。

| 第三部分 |

阅读整本书的步骤与技巧

请带着以下问题进入本书的最后一部分：

- 阅读整本书应该包括哪几个步骤？
- 为什么要提前明确阅读目标？
- 泛读的作用是什么？
- 标注重点内容时要注意哪些问题？
- 遇到难点怎么办？
- 为什么读完一遍还要回顾一下？

最后，我想跟大家探讨一下阅读整本书的方法。与整篇文章不同，整本书的篇幅较长、难度较大，所以我们在阅读时，显然需要采取一套更加系统的阅读策略。在我看来，阅读整本书的过程就像做一个完整的项目。尽管每本书的质量不同，每个人的阅读目的不同，但基本的步骤都是大同小异的。我们只要弄懂了基本原理，就能够根据实际情况安排每个步骤的进度与节奏，保证自己在阅读的时候有最高的效率。在本书的附录一中，我准备了“阅读整本书”视觉卡片，供大家参考。

第九章
阅读前要明确阅读目标

每个项目都需要经过一定的事前规划才能有效地展开，阅读一本书同样如此。在拿起一本书的时候，我们首先要弄清楚自己的阅读目标。具体来说，就是找出以下几个问题的答案：

1. 我为什么要阅读这本书？
2. 这本书对我来说有多重要？
3. 我想要获得哪些信息？
4. 我打算把学到的知识运用到哪些方面？

回答完这些问题，就相当于给自己找到了一把阅读的标尺。不管即将开始阅读的书本篇幅多长、难度多大，我们都能清醒地把控自己的进度，并且明确自己的最终目标。

知识普及 19

能过滤信息的潜意识

确立明确的阅读目标，回答具体的问题，相当于给自己准备好了一张信息过滤网。因此在阅读的过程中，就能把注意力集中在自己所需的知识点上，既节省时间，又能确保阅读有所收获。

每个人的潜意识里都有这种信息过滤机制。假设你打算买一辆新车，而且已经在家选好了车型和你最喜欢的颜色——墨绿色。可是，在去汽车销售店买车的路上，你发现满街都是自己想买的那一款车，连颜色也一模一样。于是，你改变了主意，买了同一型号的深蓝色汽车，然后高高兴兴地回家了。但是，在回家的路上，你满眼看到的又全是这款深蓝色的车。

遇到这种情况，千万别觉得整个世界都在跟自己作对。人脑感知到的信息往往取决于潜意识关注的焦点。因此，事先明确阅读目标，能让我们的大脑在不知不觉中集中注意力去获取最重要的信息。

在阅读的过程中，请放松自己的身心，同时集中注意力，“高尔夫球练习”可以帮助你做到这一点。否则，你只会加大自己的阅读难度，耗费大量的时间却得不到应有的收获。

第十章

阅读整本书的步骤

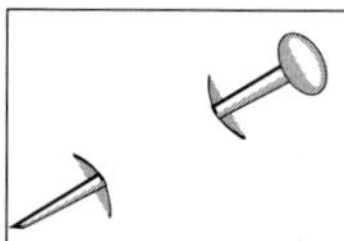

在阅读的过程中，请时刻保持放松与专注的状态，否则只会增加阅读难度，耗费大量的时间和精力却得不到应有的收获。在“集中注意力”一节中，我们已经详细讨论过这个问题。在此，我只提醒大家一句：“高尔夫球练习”是锻炼这种能力的最佳练习。

第一节　泛读全书，把握整体脉络

细致阅读一本书的第一个步骤是把握整本书的脉络。想象一下，如果你刚到一个新的城市，想要在最短的时间里了解一下城市的全貌，感受一下它的特点和氛围，最好的办法就是骑上自行车或者开着车闲逛一圈。可是，一说到阅读，却很少有人意识到泛读这一步骤的重要性。

知识普及20

脑干就像指南针

还记得我们前面提到的脑干吗？它是人脑最原始的部分，是所有本能反应的源头。如果脑干得不到足够的信息供给，后续的整个思维过程都会受阻，我们会隐约有种“缺了点儿什么”的感觉，明明在认真读书却始终进入不了酣畅淋漓的境界。没有哪个傻子敢两手空空独闯热带雨林，可大多数人在翻开一本新书之前，却完全没有明确的目标，这就是我们阅读一本书却往往收获甚少的症结所在。整本书的脉络就是阅读旅程中的地图和指南针，脑干有了这一清晰的信息，我们才不会不知所措、盲目阅读。

我们在“培养理解力”一节里提到过，在阅读某些书籍之前，有必要先梳理出整个学科的知识脉络，完成大致定位。这样才能更好地把握宏观的阅读方向，系统地组织读到的信息。至于哪些书籍需要投入这部分额外的时间和精力，得根据书籍本身的价值高低及你个人的阅读目标来定。

阅读好比玩拼图。当你拆开一幅有几千块“碎片”的大拼图时，肯定不会随便捡起一块就开始乱拼，总要先看清楚最终的图像是开满鲜花的草原还是夕阳中的纽约街景。对于阅读，这个步骤就相当于明确自己的阅读目标。

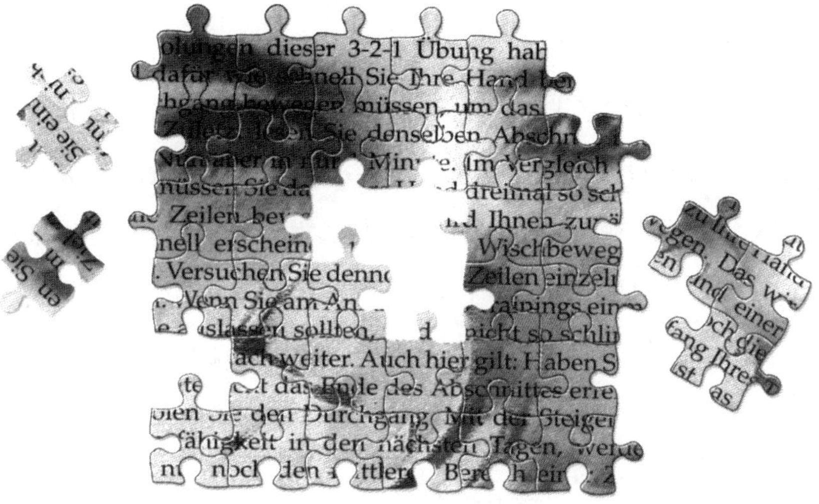

图10–1　阅读好比玩拼图

接下来要从一大堆拼图碎片里找出4个角来，这个步骤相当于阅读一本书的封面和封底。现在市面上的大部分书都会在封面和封底上放置内容简介或者作者简介，阅读封面和封底，是在最短的时间里形成对这本书大致印象的最佳方式。此外，浏览目录也是一种非常有效的方法，合理的目录可以为读者提供整本书的结构、篇幅重点等许多有用的信息。把目录与之前读到的内容简介、作者介绍结合在一起，可以让我们对整本书有一个初步的印象。如果是一本比较重要的书，我建议大家再花一点儿时间，根据现有的信息给整本书画一张视觉卡片，在精读的过程中把它放在手边，当作指引阅读进度的地图。

摆好了4个角的位置，接下来就要拼出4条边，给整幅拼图搭起一个框架。这时，我们之前学到的“画圈练习”就派上用场了，你可以用这种方法在5~10分钟的时间里把整本书都快速地浏览一遍。尽管这样获得的信息极为笼统，甚至谈不上什么理解，但梳理出脉络是完全没有问题的。此外，知道了大概的内容，在真正阅读的时候就能根据兴趣和阅读目标采取不同的阅读策略，从而提高阅读的整体效率。在我看来，这种快速扫描的能力甚至比实际阅读更加重要，因为我们可以通过这种方式在极短的时间里准确地判断一本书的价值。在发现这个窍门之前，我总是在认认真真地读完至少1/3的正文之后，才发现某本书的内容其实毫无新意，根本没有任何阅读价值。就算那本书确实值得细读，我也得花上至少30分钟的时间才能产生初步的认知。现在，这个过程至多需要10分钟。遇到只需泛读的书，我可以只通过这一个步骤就找齐自己需要的全部信息，完成整本书的阅读。想象一下，只需十几分钟就能达到自己的阅读目标，心安理得地把一本书放到一边，岂不快哉?

要想成为阅读高手，这种快速处理信息的能力是必不可少的。想当初，我居然是在机场候机厅的书店里练就这一本领的。格吕宁学院在德国各大城市都开办了培训班，所以我就成了机场的常客。为了打发无聊的候机时间，我常常跑到机场书店里胡乱翻看书架上的畅销书。尽管店里的职员总是用异样的眼光看着我这个只看不买的怪人，但时间一长，我快速浏览的阅读能力却得到了极大的提高。现在回想起来，只恨自己没有及早悟到这一点，否则家里就不会堆着那么多毫无价值的书了。

实用练习28

高空侦察练习

老是坐在家里练习阅读，想必大家也有点儿厌倦了。现在就让我们把练习场所搬到你最喜欢的书店里去吧。请你随便找出一本自己感兴趣的书，用短短10分钟的时间浏览一遍，并且试着在阅读的同时获取尽可能多的信息。

下面，我将以非虚构类书籍为例，给大家讲解快速获取信息的窍门。

如果把一本书比作一锅肉汤，那么我们要做的就是在尽可能短的时间里捞出尽可能多的肉。既然如此，第一个步骤自然是撇沫了。根据我的经验，每一章的第一段和最后一段都是精华信息。在第一段中，作者经常会叙述整个章节的架构，提出需要探讨的问题。最后一段往往是整章内容的总结和中心思想的升华。在这两段中，又数每一段的第一个句子最有价值。在超过95%的文章中，开篇的句子都能起到提纲挈领的作用。如果是自己的书，我们就可以顺手画上重点标记。很多人在第一遍通读的时候都不敢乱写乱画，怕影响之后的精读。其实，这种担心完全没必要。用铅笔做标记，随时可以修改，即使在精读的时候确实发现重点有所出入也没事。不过，做标记的技巧还是留到后面再探讨吧。

在第一遍泛读的时候，我们要把“扫描”和“撇沫”结合在一起。这好比一个人坐在直升机上侦察某个小岛的地形。之所以要从高空侦察开始，主要是为了保持一定的高度，以便看到小岛的全貌。一旦发现异常，我们就会指挥直升机下降，近距离仔细观察。在阅读一本书的时候，我们往往只会“低空观察”，却忽略了“高空侦察”的重要性。具体来说，就是要从制作整本书的视觉卡片开始，给自己绘制一张地图，为下一步的精读打下基础。这张地图不仅能够引导我们从整体上理解作者的写作思路，还能在我们阅读的过程中简化新旧知识结合的步骤，从而加深理解和增强记忆。

大部分书籍其实只要阅读到这个程度就已经足够了。假如我在研究某个具体案例的过程中需要理论支持，我就会找来一本《德国民法典》的注释本。可是，这类法律条款的注释本动辄有几千页，要是像没头苍蝇一样乱读乱看，真不知道要到何年何月才能找出自己需要的信息。遇到这种情况，正确的做法是，先用最大的S曲线浏览，把握主题。一旦发现了与所需信息相关的关键词，就稍微放慢垂直方向上的视线移动速度，直到找到直接相关的一段内容，再切换到精读模式。读完一部分，再从最大的S曲线开始，用同样的方法继续“扫描”。

上面讲到的都是阅读学术类书籍的方法，小说、散文等文学作品自然另当别论。要是用同样的方法来阅读侦探小说，三两下就知道谁是杀人凶手了，谁还有兴趣再从头开始仔细品味呢？我们之所以读小说，不过是为了消磨时间或是品鉴作品的文学价值，速度和效率几乎不在考虑范围之内。不过话说回来，前几章讲到的那些阅读技巧对阅读文学作品也不是完全没有帮助。达到了一定的速度以后，我们就能更好地激活自己的五大感官，真正地沉浸到故事情节和人物情感里面，并在阅读的同时在脑海中形成生动的影像。这样一来，死板的文字摇身一变，成了一部刺激的电影，我们从一部文学作品中获得的感受自然也会变得更加强烈。

在泛读这个步骤，我们可以激活并且整理自己原有的知识脉络，给新的知识预留出一定的空间。这样一来，接下来精读的时候就能更好地一一对应，把新旧知识结合在一起。这相当于提前为自己的理解、吸收和记忆打好基础。

此外，我们还可以在泛读的时候把整本书划分成几个部分，安排好阅读的进度。否则，我们捧着一本几百页甚至上千页的大部头，会很容易产生厌倦感，觉得完成阅读任务简直遥遥无期。阅读一本书好比参加一场马拉松比赛，再专业的运动员跑完三十几公里以后也难免产生疲劳感。因此，只有一心想着冲向终点，才能给自己打气，重新找到动力。我们在阅读一本书的时候也要给自己设计一系列的小目标，逐一实现每个小目标，总比从头到尾都盯着一个遥不可及的目标要轻松得多。懂得了这个小窍门，就算是托马斯·曼的《布登勃洛克一家》(*Buddenbrooks*)这种四五百页的超长篇小说，我们也可以在不知不觉中轻松读完，而不会产生那种“我再也受不了了”的感觉。有个脑筋急转弯的问题是这样的：大象能怎么吃？答案非常简单：一口一口地吃。这个答案本身确实很无聊，但我们在阅读的时候必须按照自己安排的进度往下读。

图10–2　按照全书主线安排阅读进度

第二节　快速阅读与反复精读相结合

如果我们通过泛读确定了一本书是有价值的，那接下来就是精读了。刚才我们已经说过，精读的时候要按照自己的进度安排与目标逐一完成。可是具体应该怎么做呢？

首先，我们要用几分钟的时间快速阅读第一部分的内容，并且在页边标记出重点信息。不知道大家是否注意到我的用词——“阅读”，尽管是快速，但我们这一遍却要真正地阅读，而不是浏览或者“扫描”。这一做法的目的在于进一步搜集信息，为脑干提供更多的细节。有了这一步打下的基础，我们对整本书的印象就会进一步加深，完成接下来的长篇阅读也会变得轻松一些。

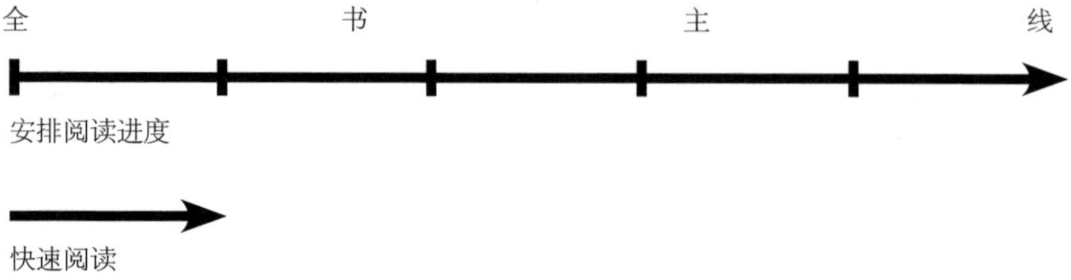

图 10–3　根据主线快速阅读全书

经过这一遍的快速阅读，你很可能已经找到了自己需要的具体信息，或者发现这一部分没有太多有意义的内容。在这种情况下，你可以继续下一部分的快速阅读了。如有例外，你当然也可以再有针对性地阅读一遍。遇到已经弄清楚的部分，可以快速浏览；遇到无关紧要的部分，大可直接跳过。这样一来，你就可以留出足够的时间仔细阅读其余的重点内容。在这一步，你可以修改自己的笔记，进一步标记出关键词句。总而言之，我们阅读每一小部分内容的时候都要根据自己的阅读目标选择阅读策略。

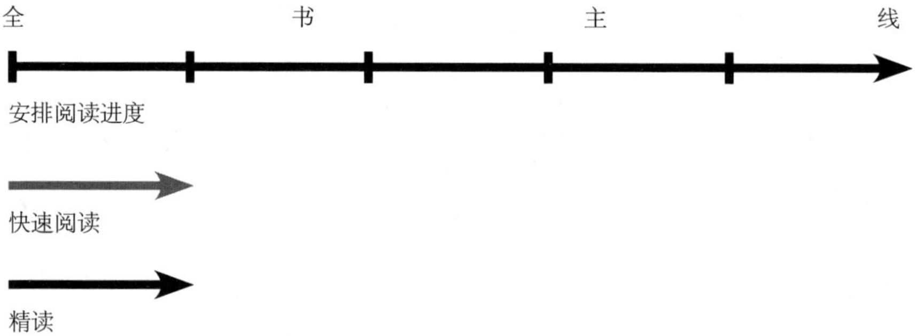

图 10–4　根据阅读目标选择阅读策略

在阅读过程中，要始终跟着读入信息的进度积极思考，争取在阅读的同时完成理解、吸收和记忆的任务。完成了这一步，你就可以进入第二部分了。这一部分的处理方法与第一部分完全相同，请你将快速阅读与反复精读结合起来，直到获取了所需的信息、达到了自己的阅读目标为止。通过一遍又一遍地信息过滤，你可以轻松地找出全文的重点，集中精力处理这部分信息。整本书的其余部分也遵循同样的阅读原则：只要达到了既定的阅读目标，就可以放心大胆地继续往下读了。在这个过程中，始终要明确全书的主线，把握好自己的阅读进度，在泛读阶段制作的视觉卡片可以起到辅助作用。

此外，时间安排也很重要。如果你计划在10天内看完10本书，那么在第一本书上就花掉8天时间是绝对不行的。如果时间紧迫，最好还是在安排一本书的进度时对每个部分所需的时间也做出安排。有了具体的阅读目标和时间限制，我们就能更好地掌握自己的进度。

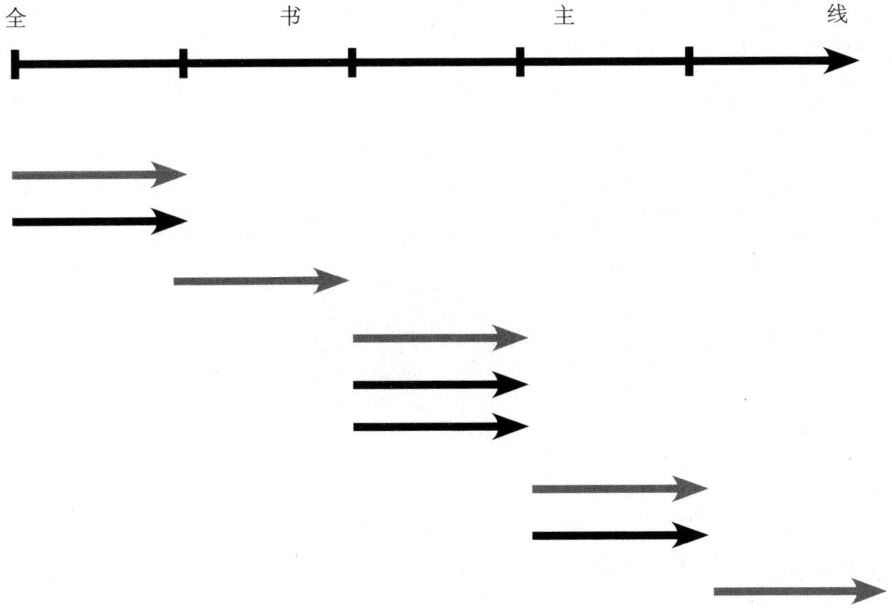

图10–5　快速阅读与反复精读相结合

知识普及21

标注重点的正确方式

我一向都习惯在阅读的同时用铅笔标注出重点词句。如果整段内容都是值得特别关注的重点信息，那就只需在页边的空白处画一条竖线即可。如果在每行的文字下面都画上横线，反而会把整个版面弄得乱七八糟，影响跨词或跨行阅读的效率。此外，我还想强调一下用荧光笔做笔记的弊端。按照本书所讲的步骤，有些段落我们会反复阅读多次。读第一遍时乍看上去十分重要的内容，再读一遍时或许会变得没那么重要了。还有些时候，作者刚讲完一个理论，又会在紧接下来的一段补充说明这个理论已经过时了，或者存在这样那样的漏洞。碰到这种情况，荧光笔痕迹一点儿都不能涂改的不足之处就暴露出来了。

如果非要用荧光笔，最好只标记零星的关键词，绝对不能把整段内容都画得花花绿绿的。如果我们还是使用学校里学到的那套线性阅读的方法，或许不会有什么问题。但你现在已经超越了那个层次，一条条鲜艳的横线只会阻碍视线的拓展，增加跨行阅读的难度。只用铅笔在页边画一条竖线的话，我们的大脑反而会把整段内容当作一个整体，更容易形成形象记忆。在此基础上再读到段中标记出来的鲜艳的关键词，大脑就能把这些“点”和整段的“面”结合在一起，实现全方位的理解。

此外，重点内容之间也有轻重之分。我们不是在第一遍泛读的时候就画出了某些词句或者段落么？在第二遍阅读的时候，如果我们发现那些部分确实是作者阐述的重点，就可以在原来的竖线旁边再加上一条竖线。如果我们在处理重点段落时还进行了第二遍精读，发现原来标记出来的部分还可以吸引我们的注意力，可以再加上第三条竖线。这种情况非常少见，在一整本书中顶多只会出现几次，但这恰恰凸显了那部分内容的重要性。一旦习惯了这种符号体系，我们的大脑就会对3条竖线尤其敏感，一见到就会马上打起精神，主动加强对那部分信息的处理。当然，这些竖线并不妨碍我们在文章中标记单独的关键词。

这种在书上直接做笔记的习惯还有一个好处，就是为以后的再次阅读打下了基础。不管是时隔几个月还是几年，只要你再翻开这本书，重点部分始终一目了然。你可以跳过没有任何标记的段落，集中精力关注全书的精华部分，从而在不影响阅读效果的同时轻轻松松节省大量时间。

知识普及22

处理难点的正确方法

在阅读整本书的过程中，我们难免会遇到一些怎么看都看不懂的内容。在绝大多数情况下，这主要是因为我们缺乏某些必要的背景知识。很多人一遇到难点就会死盯着那几句话不放，我曾经也有这种习惯，总觉得自己没弄懂前一部分的内容就没办法心安理得地继续往下读。但是，读书的时候不应该跟自己较劲，遇到暂时看不懂的地方，最好的办法是做好标记，然后继续往下读。在"增强记忆力"一章中，我们讲过从知识链的两端向中间靠拢的方法，这不仅可以节省死抠知识点的时间，还能增强我们的自信心。在绝大多数情况下，只要多读几段，作者就会给出详尽的解答。此外，我们的大脑也会在潜意识中继续处理信息。你肯定有过为了一个小问题绞尽脑汁而不得其解，一觉醒来却突然有了灵感的经历，这就是大脑默默工作的功劳。

玩拼图的时候不也一样吗？一时找不到某一块，不必盲目地乱找乱试，先完成其余的部分，那一块自然会乖乖地躺在那里等着你。

第三节　回顾知识点，系统理解全书

找到了全书的主线，逐一阅读了各个部分，还不算彻底完成了整本书的阅读任务。最后，还要再花5分钟时间，把每个部分的知识点一一串联起来，梳理清楚要点之间的逻辑关系，实现最终的整体理解。由于我们已经十分熟悉全文的内容，所以最后这个步骤的主要作用就在于加深印象，增强记忆。

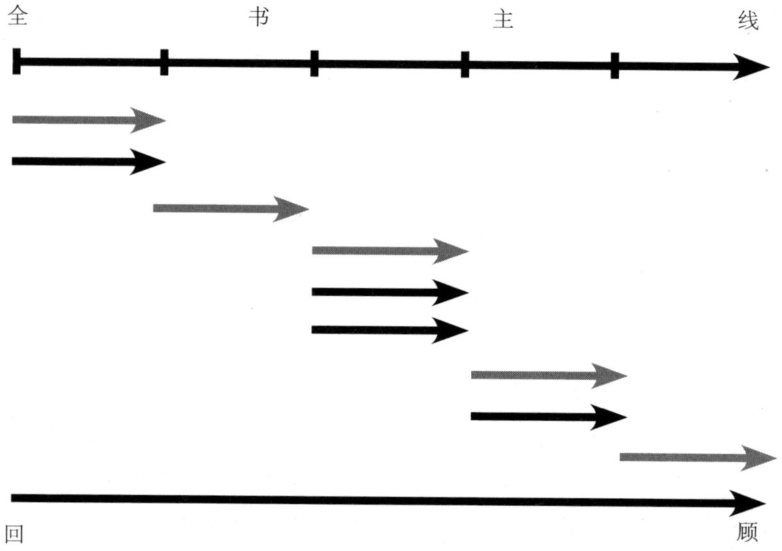

图10–6　回顾知识点以理解全书

与传统的阅读方法相比，这一章介绍的阅读步骤与技巧能够让你在阅读一本书的时候留下更深刻的印象，把书里的内容彻底转化成自己的知识，为以后的复述和实际应用打下基础。乍一听，大家可能会觉得这种反复阅读的做法非常耗时耗力，但我可以向大家保证，只要经过足够的练习，即便把初步浏览、分部分阅读和最后回顾的时间加在一起，也会比原来不分主次地通读一遍的时间要短，但实际收获却会成倍增加。

本部分要点：

- 阅读一本书就好比完成一幅拼图。
- 首先要明确自己的阅读目标。有了这一步的准备，我们在阅读的时候才能有针对性地筛选信息，合理地分配时间。
- 接下来要从头到尾快速浏览一遍，提取贯穿全文的主线，然后根据自己的阅读目标和时间限制把整本书分成几个部分。
- 按顺序逐一阅读每个部分。先快速浏览一遍，然后根据自己的阅读目标决定是否需要进行反复阅读。
- 在页边的空白处用竖线标记出重点段落。
- 遇到难点暂且跳过，如果在后面的文章中没有找到相应的解释，再回过头来仔细阅读难点部分。
- 最后用短短5分钟的时间回顾一遍全文，以巩固读过的内容并系统地获取知识。

结　语

充分享受阅读的乐趣

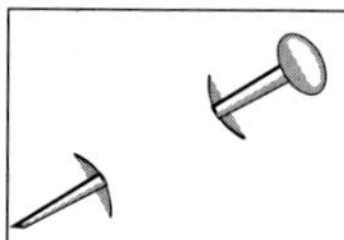

经过几个月的努力攀登，你今天终于成功登顶了！我可以骄傲地宣布，你已经顺利成为阅读高手俱乐部中的精英了。你现在不仅可以读得更快，还能懂得更多、记得更准。这一切都是你一路坚持训练的结果，是你应得的收获。

可是，在兴奋之余，不知道大家是否和我一样还有那么一点点失落呢？读完这本书，我们共同的阅读之旅也就画上了圆满的句号，但是，你只要环顾一下四周，就能在不远处找到更高的山峰。虽然彼此做伴的旅程已经告一段落，但你的阅读之旅其实才刚刚开始。凭借从本书中学到的阅读技巧，你完全有能力独自上路，去挑战更高的目标了。请大家不要满足于现有的水平，不要把做过的练习扔到一边。如果继续坚持训练，你肯定还能做得更好，发掘出更大的潜力。

你已经学会了利用五大感官把文字信息转化成脑海里的生动影像，懂得了系统地梳理文章和书籍的整体脉络，掌握了跨词甚至跨行阅读的超群能力。但是，请你不要忘记，阅读是一门高深莫测的学问。不管你走了多远，前方始终还有许多未知的领域，等着你去探索。世界知名的西班牙大提琴演奏家与作曲家帕布罗·卡萨尔斯到了90岁高龄的时候，仍然坚持每天练琴四五个小时。当别人问他为什么如此勤奋时，他的答案简单得出人意料：“因为我感觉自己还有进步的空间。”

不断地追求更强的能力，难道仅仅是出于对完美的渴求吗？在我看来，完美主义只会让人感到不满，并非值得追求的终极目标。如果我们空有一身阅读技巧，却无法享受阅读的乐趣，那这一切又有什么意义呢？请记住，你已经是百里挑一的阅读高手了，你现在掌握的一切能力都是自己一步一个脚印努力得来的。不要看到更高的山峰，就给自己施加无谓的压力。享受现有的一切，正视自己的收获，才是正确的态度。

附录一

“阅读整本书”视觉卡片

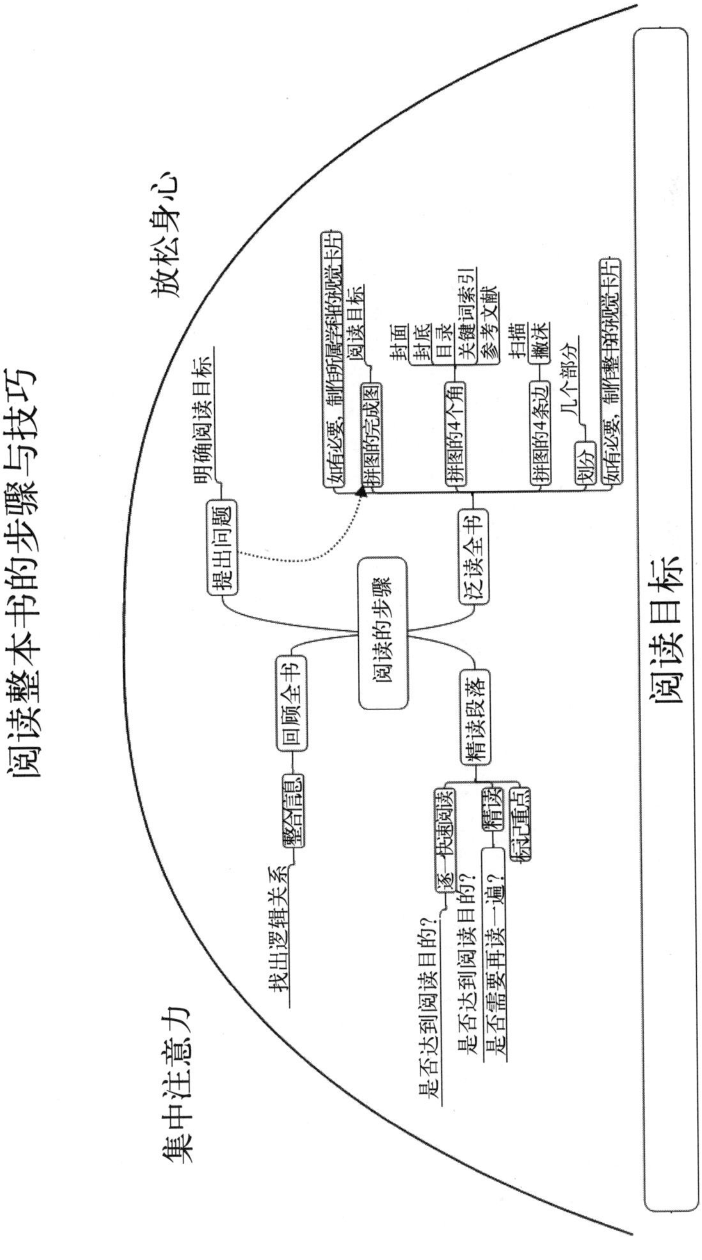

附录二

“视觉阅读”训练进度表

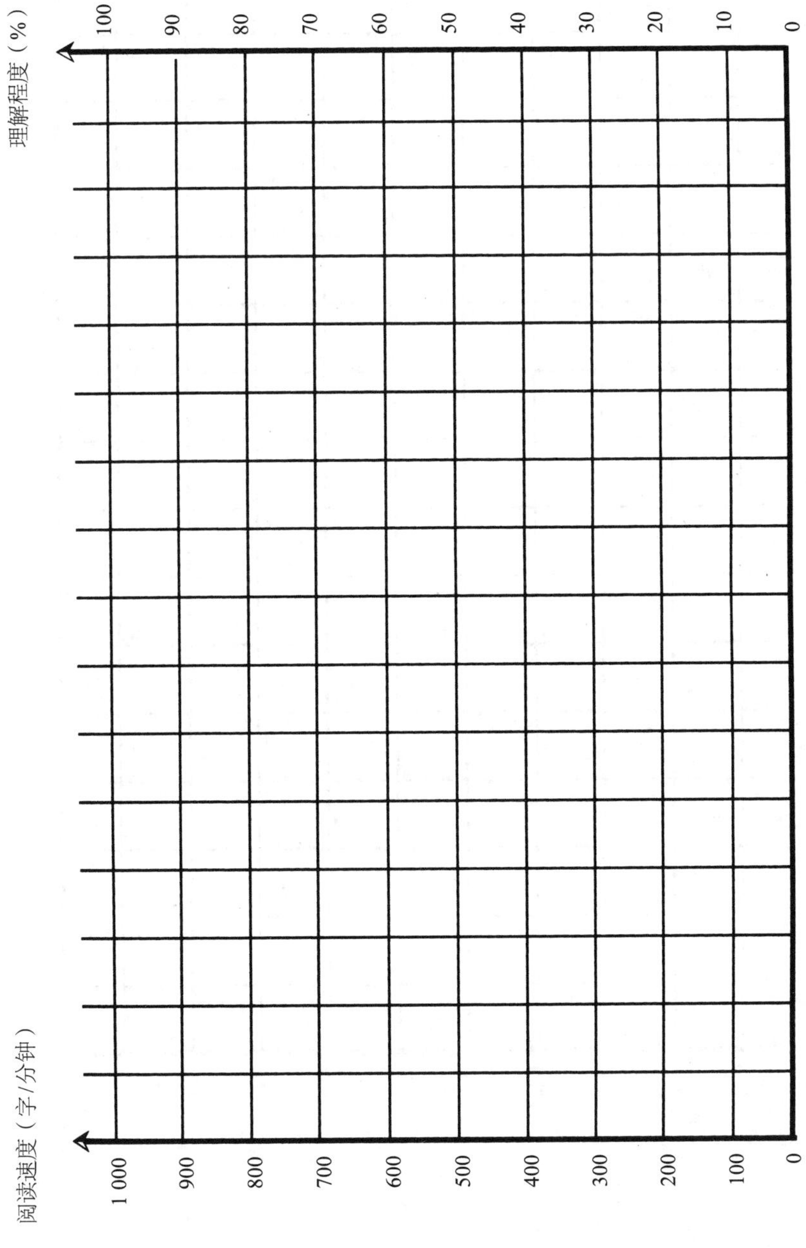

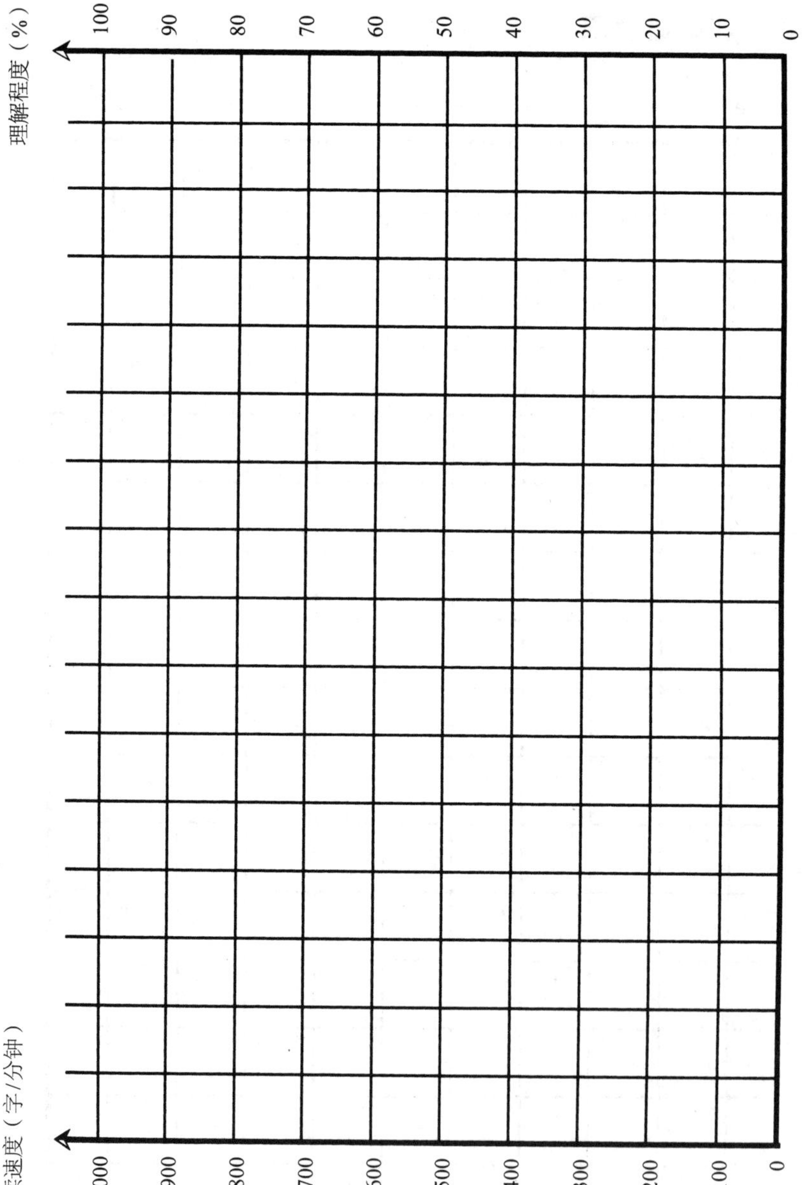
理解程度（%）
100
90
80
70
60
50
40
30
20
10
0
阅读速度（字/分钟）
1 000
900
800
700
600
500
400
300
200
100
0

附录三

影响世界的25部经典著作

尼科洛·马基雅维利（1469~1527年）

《君主论》，1532年出版

《君主论》是意大利文艺复兴时期的政治家、思想家马基雅维利的代表作。这本书系统地阐述了建立与巩固政权的君主之道，提出了“国家利益高于一切”这一备受争议的原则。在500年后的今天，《君主论》仍然是政治学和军事学的必读书目。其中的政治观点与学说被后人统称为“马基雅维利主义”。

蒙田（1533~1592年）

《蒙田随笔》，1580年出版

蒙田是法国文艺复兴时期的人文主义与怀疑主义思想家及伦理学家。他的思想不仅奠定了法国伦理学的基础，还影响了伏尔泰、尼采等众多哲学家和作家。《蒙田随笔》这部文集开创了随笔这种新文体的先河，集中体现了蒙田对人类情感的冷峻观察及其自由主义思想，是世界文学史上最伟大的著作之一。在这部哲学随笔的全集中，蒙田摒弃了正统的经院哲学，旁征博引，以小见大，在论述及剖析哲理的同时兼顾文学趣味，创造了全新的“生活哲学”。

托马斯·霍布斯（1588~1679年）

《利维坦》，1651年出版

作为现代自由主义国家概念的奠基人之一，霍布斯认为国家秩序的唯一基础就是平等、自由的个体之间所订立的契约。《利维坦》是一部体系完整、内容翔实、论证严密的学术巨作，不仅是国家理论研究领域最重要的现代文本之一，也是理解西方政治哲学的必读书目。即使在几百年后的今天，霍布斯的"国家契约学说"仍极具争议。从这个角度来说，恐怕只有马基雅维利才能与之媲美。

牛顿（1643~1727年）

《自然哲学的数学原理》，1687年出版

《自然哲学的数学原理》堪称古往今来最伟大的自然科学著作。在此书中，牛顿集第一次科技革命之大成，从一个全新的理性角度探讨了物理、数学、天文学及哲学等各领域的重要命题。他向世人展现了一个全新的世界：万能的上帝消失了，取而代之的是因果关系的逻辑法则和力学原理。

约翰·洛克（1632~1704年）

《政府论》，1690年出版

《政府论》有"自由主义宪章"的美称，对民主及议会制度的发展具有无可比拟的深远影响。在这部著作里，洛克将平等、自由及个人财产不可侵犯都划归为法律保护的最高权利，并且论证了国家分权的必要性。美国《独立宣言》的起草人托马斯·杰斐逊，就曾被指责剽窃洛克的《政府论》。1791年的《法国宪法草案》也同样受到这部作品的影响。

伏尔泰（1694~1778年）

《老实人》，1759年出版

伏尔泰是欧洲启蒙时期最具影响力的作家之一，法国人甚至把18世纪称为“伏尔泰的世纪”。他揭露了专制制度和封建统治的诸多弊端，批判了天主教会对教义阐释及权力的垄断，是法国大革命最重要的开路先锋之一。在这部长篇哲理小说《老实人》中，伏尔泰通过怪诞的故事情节和滑稽的细节描述讽刺莱布尼茨式的乐观主义，颠覆了所谓的“人类世界是上帝创造的所有可能的世界中最美好的一个”。这本长篇小说是法国启蒙运动中最重要的杰作之一。

卢梭（1712~1778年）

《社会契约论》，1762年出版

卢梭是法国著名的哲学家、教育学家、作曲家，也是18世纪最有影响力的作家之一。在《社会契约论》中，他提出了“主权在民”的思想以及自由、统一的人民共同体这一理想形态。根据他的理论，每一个公民的人身及财产安全都应该享受国家的全面保护。此外，卢梭反对专制国家、维护共同意志的思想，也为法国大革命提供了不可或缺的理论基础。

歌德（1749~1832年）

《少年维特的烦恼》，1774年出版

这部作品既是歌德创作的第一部长篇小说，也是他的一夜成名之作。此外，在这位德国大文豪的一生中，再没有另外一部作品可以像《少年维特的烦恼》这样得到如此广泛的传播。这部小说狠狠地抓住了整个时代的痛处，让整整一代人都在维特的“世界之痛”中看到了自己的影子。这部小说的风行在当时的德国掀起了一股“维特热”：街上随处可见身着黄裤子、黄马甲、蓝外套的年轻人，市面上出现了“维特杯子”和一款以维特命名的香水“Eau de Werther”。更疯狂的是，《少年维特的烦恼》还在全德引发了一股自杀风潮，从20世纪70年代开始，心理学界开始关注这种名为“维特效应”的由媒体宣传引发的模仿自杀现象。

亚当·斯密（1723~1790年）

《国富论》，1776年出版

《国富论》是有史以来第一部也是最重要的一部探讨国民经济话题的古典经济学著作，奠定了现代西方经济体系的理论基础，堪称自由主义经济理论的开山之作。亚当·斯密认为，自由竞争是劳动分工的起源，是推动生产力和经济发展的动力。尽管每个人都是从自己的利益出发做出经济决策的，但自由市场却是一只“看不见的手”，能够指导、调节经济发展，最终实现社会的整体富裕。一旦国家出于对个别市场主体的保护而出手干预，反而会破坏市场，阻碍经济发展。

康德（1724~1804年）

《纯粹理性批判》，1781年出版

在这部哲学经典著作中，康德从根本上重新定义了认识与认识对象之间的关系。他提出，认识这一行为的前提同时也是认识对象本身存在的前提。换言之，人要想认识一个对象，首要条件就是这个对象本身能够被人感知，并且拥有相应的概念。康德的这一“哥白尼式革命”标志着哲学史上的一大重要转折，由此产生了“前批判期”与“后批判期”的划分。

黑格尔（1770~1831年）

《精神现象学》，1807年出版

《精神现象学》是德国古典唯心主义哲学的巅峰之作。在这部作品中，黑格尔阐述了人类意识和精神的发展过程，即从简单、幼稚的感知开始，依次上升为意识、自我意识、理性，最终达到绝对理性的过程。这部作品虽然不是黑格尔最成熟的著作，但其中对于历史在正命题、反命题与综合命题之间的发展过程的辩证论述，却奠定了左右派意识形态研究的基础。因此，后期分化产生了左右两个黑格尔学派。

叔本华（1788~1860年）

《作为意志和表象的世界》，1819年出版

叔本华是19世纪最重要的德国哲学家之一。他认为，世界的本质就是非理性冲动。在《作为意志和表象的世界》这部作品中，他把人类定义为一种冲动的动物，一切理智都只是为了冲动服务。直到今天，这种悲观的人生观和世界观仍然是哲学、心理学和艺术界的热点话题。此外，这部作品中还体现了佛教思想的影响，在当时的德国哲学界是难得一见的创新，被誉为首部融合东西方思想的作品。

卡尔·冯·克劳塞维茨（1780~1831年）

《战争论》，1832~1834年出版

克劳塞维茨是普鲁士的军事家，参加过所有反法同盟的战争，也参与了普鲁士军队的改革，1818年出任柏林军官学校校长。他关于战略和战术的理论对所有西方国家的军事发展都起到了重要的作用。《战争论》是西方军事理论的经典之作，至今仍然是各大军事院校的必读书目，在企业领导和市场营销领域也有一定的影响。

达尔文（1809~1882年）

《物种起源》，1859年出版

英国生物学家达尔文是自然科学史上最重要人物之一。《物种起源》不仅从根本上颠覆了人们对世界的认识，还影响了整个现代自然科学的发展，可谓前无古人后无来者。这本书重点论证了包括人类在内的所有动物的进化过程都是优胜劣汰、物竞天择的结果，完全推翻了几百年来上帝创造万物的故事。

约翰·斯图尔特·穆勒（1806~1873年）

《论自由》，1859年出版

穆勒是英国的哲学家、经济学家，也是19世纪最具影响力的古典自由主义思想家。他支持功利主义，认为道德和政治的评判标准就是“达到最大善”。在《论自由》这部自由主义的经典作品中，穆勒就阐述了这一重要思想，将个体的自由定义为“最大善”。这部作品对整整一代人的道德、言论与行为自由都起到了积极的指导作用。

卡尔·马克思（1818~1883年）

《资本论》，1867年出版

马克思是人类有史以来影响最深远却也最具争议性的共产主义理论家。他尤其注重从科学角度对资本主义进行批判，以此揭露资本家对工人阶级的剥削，揭示工人阶级空虚的精神状态，解释财富分配不均等问题。《资本论》对现代经济学的发展有着举足轻重的作用，毫不夸张地说，没有任何一本理论著作能对整个世界产生如此深远的影响。

托尔斯泰（1828~1910年）

《战争与和平》，1869年出版

《战争与和平》不仅是俄语文学的里程碑著作，更是世界文学史上最重要的作品之一。尽管小说的主线是拿破仑的侵俄战争及莫斯科人民的抗击，托尔斯泰却巧妙地把错综复杂的情节和极富感染力的语言结合在一起，创造出数百个活灵活现、有血有肉的人物。

陀思妥耶夫斯基（1821~1881年）

《卡拉马佐夫兄弟》，1880年出版

《卡拉马佐夫兄弟》在世界文学史上的地位堪比《堂 · 吉诃德》《唐璜》《浮士德》。这部长篇小说从表面上看只是一桩弑父凶案，实则探讨了一系列关于基督信仰的深刻话题，以及人类关于罪与罚、悲悯与同情、爱与宽恕的本体问题。弗洛伊德将《卡拉马佐夫兄弟》誉为“史上最伟大的小说”。

尼采（1844~1900年）

《查拉图斯特拉如是说》，1883~1885年出版

尼采曾经说过，《查拉图斯特拉如是说》是人类历史上最深奥的一本书。这部散文诗体的作品涵盖了尼采的“上帝已死”“超人”“权力意志”等最重要的哲学思想。但据尼采本人所言，这部作品旨在探讨“永恒轮回”这一哲学思想。根据这一思想，世间万物都已经经过了无数次轮回，而且这种轮回还将无穷无尽地持续下去。至于这本书对纳粹的影响，至今仍然备受争议。

弗洛伊德（1856~1939年）

《梦的解析》，1900年出版

弗洛伊德不仅对整个心理学的发展和传播做出了不可磨灭的贡献，更在不同程度上影响并启发了社会学、文化人类学和哲学等领域的理论发展。《梦的解析》这部著作主要涉及心理分析的基础理论与实践。

托马斯·曼（1875~1955年）

《布登勃洛克一家》，1901年出版

托马斯·曼在二十几岁时就写下了这部长篇巨作，为自己赢得了1929年诺贝尔文学奖得主的桂冠。时至今日，《布登勃洛克一家》仍然是德语文学史上最重要的社会小说。故事发生在德国北部的汉萨城，小说描写了商界望族布登勃洛克家族4代人在1835~1877年的衰落过程。尽管作者在小说中没有给出明确的解释，但故事中的汉萨城就是他的故乡吕贝克。这部小说是托马斯·曼家族的写照，许多情节、人物和家族传统都出自他真实的家族历史。

普鲁斯特（1871~1922年）

《追忆似水年华》，1913~1927年出版

《追忆似水年华》全文共计7卷。这部结构精妙的长篇小说不仅仅是普鲁斯特的代表作，更是20世纪文学史的里程碑之一。在长达200万字的虚构自传中，主人公仅有一次自称“马塞尔”，其余时候都以匿名的“我”出现。“我”叙述自己想要回忆童年和少年时光，却无果。普鲁斯特认为，真正意义上的回忆是一种无意识的体验。这种最为美妙的感受只会出现在事情发生的瞬间，事后即使刻意控制、苦苦回

想也无法获得同样的体验。

爱因斯坦（1879~1955年）

《广义相对论原理》，1916年出版

爱因斯坦对理论物理学的研究贡献从根本上改变了物理界对整个世界的认识。为了表彰他这一突出贡献，美国《时代周刊》在2000年将爱因斯坦评为20世纪的"世纪人物"。在这部研究相对论的代表作中，爱因斯坦论证了所有观察结果都取决于观察者所在的位置，世界上不存在绝对的空间和时间。

詹姆斯·乔伊斯（1882~1941年）

《尤利西斯》，1922年出版

没有一本书能够像《尤利西斯》一样，尚未正式出版就引得满城风雨，甚至还在国外闹上了法庭。这部长篇小说的叙述技巧之新颖、内容层次之丰富、时空处理之特别，都堪称文学史上的典范。有人说《尤利西斯》是荷马的《奥德赛》的现代版本。由于这部作品成功地融合了文学形式、社会历史、文化象征和现实百态，所以与歌德的《浮士德》和但丁的《神曲》也有异曲同工之妙。乔伊斯凭借其出色的意识流手法，成功地带领读者深入到小说中每个角色的心理世界之中。

卡夫卡（1883~1924年）

《审判》，1925年出版

这部长篇小说绝对是一部百年不遇的经典之作。卡夫卡的语言将读者引入一个梦魇般的世界，从一个全新的角度来审视个体的生存困境。小说的主人公、银行职

员约瑟夫 · K被一个神秘机关逮捕，从此卷入了一场难缠的官司当中。难以捉摸的司法制度和人性的迷惘互相交织，K在这样的泥沼中越陷越深，故事最终以悲剧收尾。自20世纪60年代起，“卡夫卡式”一词就被各大权威词典收录，用于形容阴森恐怖的气氛，以及卡夫卡笔下的那种令人窒息的压迫感、神秘的未知世界和令人毛骨悚然的荒诞情节。